Ernst Schwarzmaier

Die Takt- und Tonordnung
Josef Riepels

Regensburger Beiträge zur Musikwissenschaft

herausgegeben von
Hermann Beck

Band 4

Ernst Schwarzmaier

Die Takt- und Tonordnung
Josef Riepels

1978
GUSTAV BOSSE VERLAG REGENSBURG

Die Takt- und Tonordnung Josef Riepels

Ein Beitrag zur Geschichte der Formenlehre im 18. Jahrhundert.

von Ernst Schwarzmaier

1978
GUSTAV BOSSE VERLAG REGENSBURG

Inhalts=Verzeichnis.

Vorwort.

Vorliegende Arbeit *) will als eine Vorstudie zu einer Geschichte der Formenlehre des 18. Jahrhunderts gelten. Während die Musikästhetik des Jahrhunderts schon wiederholt (u. a. von Goldschmidt, Schering und Bücken) untersucht wurde und auch die Harmonie- und Kontrapunktlehre vor allem durch Riemann ihre Darstellung fand, ist die Formenlehre dieser Zeit noch nicht eingehend gewürdigt worden. R. Sondheimer deckte wohl die Grundzüge einer Theorie der Sinfonie im 18. Jahrhundert auf, konnte aber nicht die ersten Versuche, die Sinfonieform zu analysieren, zur Kenntnis bringen. Riemann andererseits wies auf den Theoretiker H. Chr. Koch als den Darsteller des unregelmässigen Periodenbaus hin, aber nur um zu versuchen, ihn ohne Berücksichtigung seines ganzen Lehrgebäudes als Gewährsmann seiner eigenen Theorie von der achttaktigen Periode als normatives Grundschema heranzuziehen. Wenn im folgenden die Takt- und Tonordnung Joseph Riepels dargestellt und gewürdigt wird, so soll als Ergebnis die Erkenntnis vermittelt werden, dass, wie Fux als Klassiker der Kontrapunktlehre und Rameau als Vater der modernen Harmonielehre, Joseph Riepel als Begründer der klassischen Formenlehre zu betrachten ist, der, als der neue Stil in der Mitte des Jahrhunderts sich immer mehr vervollkommnete und erste Formgestaltung gewann, eine theoretische Darstellung desselben — besonders was den Melodiebau betrifft — gab, die in nuce alle Formbegriffe der späteren Theorie in sich birgt. Die Bedeutung Joseph Riepels auf diesem Gebiete konnte natürlich nur erfasst werden, nachdem die einschlägigen theoretischen Schriften des ganzen Jahrhunderts eingesehen waren, wenn auch, wie sich herausstellte, eine Verbindung vieler Musikschriftsteller mit Riepel auf diesem Gebiete nicht festzustellen war. —

---

*) Die Arbeit wurde als Dissertation der Universität München vorgelegt. (Begutachter: Prof. Dr. Gust. Fr. Schmidt; Ref.: Dr. Rud. v. Ficker. Tag der mündlichen Prüfung: 14. März 1934).

Während der Drucklegung dieser Studie erschien eine Abhandlung über Jos. Riepel von Wilhelm Twittenhoff unter dem Titel: die musiktheoretischen Schriften Joseph Riepels (1709–1782) als Beispiel einer anschaulichen Musiklehre (in „Beiträge zur Musikforschung" herausgegeben von Max Schneider Berlin 1935). Für Twittenhoff ist Riepel, der Musiktheoretiker, bedeutend als Kommentator anderer berühmter Lehrbücher, wie die von Fux, Marpurg usw., wozu noch die Anschaulichkeit und Lebensnähe seiner Darstellung kommt. Denn Riepel war es vor allem darum zu tun, „Anfängern den Weg zur praktischen Komposition" zu ebnen (S. 122). Um zu dieser Schlussfeststellung zu kommen, gehen Twittenhoffs Besprechungen „absichtlich", wie er selbst schreibt, „scheinbar über blosse Inhaltsangaben nicht hinaus. (S. 46). Wiewohl er „auf das ausgesprochene Feingefühl Riepels in metrischen Dingen" (S. 50) hinweist und feststellt, dass er „in der Lehre von der Taktordnung ... kaum einen Vorgänger" habe (S. 123), konnte er doch infolge der Anlage und Zielsetzung seines Buches diesem Problem nicht weiter nachgehen. Diese Lücke in der Beurteilung der Schriften Joseph Riepels möge folgende Studie nun ausfüllen, die natürlich über eine blosse Inhaltsangabe hinausgehen und den Zusammenhang und Vergleich der Riepelschen Anschauungen mit denen anderer Theoretiker sowie – was für den Wert einer Theorie von ausschlaggebender Bedeutung ist – mit der praktischen Musik herzustellen sich bemühen musste.

I.

Einleitung.

1. Gehaltliche und formale Analyse in der Musiktheorie des 18. Jahrhunderts.

Mit Recht weist E. Bücken [1]) darauf hin, dass die strenge Scheidung der formalen und gehaltlichen Analyse des 19. Jahrhunderts nicht erst eine Errungenschaft der Romantik, sondern bereits in der klassischen Vorstellung verwurzelt ist und auch in der Theorie um die Wende des 19. Jahrhunderts festgehalten wird. Er nennt in diesem Zusammenhang besonders das Werk von H. Ch. Koch: Versuch einer Anleitung zur Komposition (1782–1793), das diese Scheidung bringt. Wenn er aber glaubt, Koch verstünde unter Anlage Geist und inneren Charakter des Tonstücks, unter Ausführung die Form, so irrt er. „Anlage, Erfindung und Ausführung" stellen bei Koch (2. Teil S. 52) – in starker Anlehnung an die einschlägigen Artikel in Sulzers Allgemeiner Theorie der schönen Künste (1771–1774) – die notwendigen verschiedenen Entwicklungsstufen beim Entstehen eines Tonstücks dar, wobei Anlage und Erfindung die erste Fixierung musikalischer Einfälle bedeuten (Skizzen), während die Ausführung die vollständige Ausarbeitung zum fertigen Kunstwerk bezeichnet. In allen drei Stadien jedoch sind die vier Eigenschaften eines Tonstücks im Auge zu behalten: 1. Ausdruck einer bestimmten Empfindung, 2. Mannigfaltigkeit, 3. Einheit, 4. Befolgung der mechanischen Regeln der Kunst. Aus der Aufzählung dieser Hauptmerkmale eines wahren Kunstwerks erst ergibt sich die Scheidung von Geist (1. bis 3.) und Form (4.) eines Tonstücks. –

---

[1]) E. Bücken: Geist und Form im musikalischen Kunstwerk (Handbuch der Musikwissenschaft) S. 162.

Die Theorie des 18. Jahrhunderts nun hat sich vor allem bemüht, den inneren Gehalt des musikalischen Kunstwerks zu analysieren und theoretisch zu erfassen. Gerade der Umbruch in der musikalischen Ausdrucksweise musste eine erhöhte Tätigkeit theoretischen Ueberlegens in dieser Richtung bringen. Mit dem siegreichen Vordringen der Instrumentalmusik, die nicht mehr im Anschluss an Gesang und Tanzformen ersteht, sondern mit eigenen Mitteln Wirkung erstrebt, musste sich auch die Auffassung von Zweck und Bestimmung der Musik ändern. Nicht mehr der religiöse Endzweck der Musik als „einer kirchlichen Gesangskunst" steht im Vordergrund, sondern die reine von dem Konnex mit Wort oder Konfession freie Instrumentalmusik gewinnt allmählich für die Musik die unmittelbare Wirkung auf jeden einzelnen. Die alte Forderung, Affekte zu erwecken, wird jetzt mit besonderem Nachdruck ausgesprochen: „Man muss sich jetzt der Kunst befleissigen, um sich hiedurch geschickt zu machen, bei den Zuhörern entweder Freude oder Traurigkeit zu erwecken".[1] Der Rationalismus des Jahrhunderts sucht zunächst die Verbindung zwischen der wortlosen Musik und dem Affekt mit Hilfe der Mathematik zu lösen, anknüpfend an die bekannte These von Leibniz, die Musik sei eine unbewusste Rechenübung der Seele. So überschreibt Mizler z. B. seinen Traktat: „Anfangsgründe des Generalbasses nach mathematischer Lehrart abgehandelt", und Meinrad Spiess definiert noch 1746:[2] „Die Musica ist eine Wissenschaft, welche, wie alle anderen Wissenschaften, das Wesen einer Sache gründlich untersuchet. Da nun aber das ganze Wesen der Music nichts anders ist, als eine Verbindung verschiedener klingender Grössen, so anderst nicht als durch die Arithmetic und Geometric können bestimmet werden; als folget von selbst, dass die Music ihre Principia oder Haupt-Grund-Sätz aus der Rechnungs- und Aus-messungs-Kunst herleiten müsse, und vollgsam als eine Scientia Mathematica zu consideriren sey." „Die Musica ist eine klingende Mathematica."

Diese Versuche jedoch, die Musik ganz in den Bereich mathematischer Berechnung zu ziehen, fanden gerade bei Theoretikern, die auch praktische Musiker waren, entschiedene Ablehnung. So schreibt Mattheson:[3] „Dass die Mathematik der Musik Herz und

---

[1] J. Riepel Anfangsgründe der musikalischen Setzkunst Kap. 1, S. 32. –
[2] Meinrad Spiess: Tractatus – Musicus kompositorio – Practicus d. i. musikalischer Traktat (1746) S. 3. – [3] Mattheson: Vollkommener Kapellmeister (1739) Seite 16.

Seele sey; dass alle Gemütsveränderungen, so durch Singen und Klingen hervorgebracht werden, bloss in den verschiedenen äusserlichen Verhältnissen der Töne ihren Grund haben, solches ist noch viel irriger, als obiger Ausspruch." (Nämlich, dass die Mathematik nichts mit der Musik zu tun habe). Wies man so es ab, im Zahlenverhältnis der Töne Ursache und Wirkung in der Musik festzustellen, so glaubte man jedoch, bestimmte Beziehungen zwischen Affekt und Tonfolgen erkennen zu können. Es entstanden lange Affekttabellen anstelle der von Kircher angegebenen und noch von Theoretikern, wie Walther und Spiess, übernommenen 8 Affekte (Liebe, Leid, Freude, Zorn, Mitleiden, Furcht, Frechheit und Verwunderung), um der Vielfältigkeit des Gemütlebens gerecht zu werden. So gibt Marpurg [1]) in Anlehnung an den Braunschweigischen Patrioten 27 Affekte und deren musikalische Darstellung an: z. B. „ist der Affekt traurig, so geschieht der Sprung ordentlicherweise abwärts"; „Bescheidenheit verlangt einen sanften, mit gelinden Dissonanzen gemischten Ausdruck". In der falschen Annahme, dass die Musik stets Realaffekte hervorzurufen habe, musste auch die Temperamentenlehre herbeigezogen werden, um eine möglichst genaue Uebereinstimmung zwischen dem schöpferischen Musiker und dem Zuhörer zu erhalten; auch der reproduzierende Musiker hatte sich daher stets in ein beim Zuhörer vorausgesetztes Temperament zu versetzen.

Da die klare und deutliche Darstellung der Gefühle durch die Musik ästhetische Hauptforderung wurde („clare et distincte percipere"), konnte die reine Instrumentalmusik vorerst nur verstanden werden, wenn sie nicht als blosse Klangverbindung, sondern als Nachahmung des Gegenständlichen, besonders der Sprache und des Gesangs zu bewerten war. So schreibt Mattheson: [2]) „Die Musik ist eine Klangrede; alles Gespielte ist nur eine blosse Nachahmung des Singens; viel schwerer ist es, auf Instrumente etwas zu setzen, das rechte Art hat, und guten Beifall findet, ... weil dabey keine Worte, sondern nur eine Tonsprache vorhanden ist." Ein weiterer Ausfluss dieser Affektenlehre ist die Tonartenästhetik, nach der jeder Tonart ein bestimmter, begrenzter Ausdruckswert zugestanden wird. So finden wir, wie Rudolf Gerber [3]) zeigt, dass das von Mattheson und Riepel

---

[1]) Marpurg: Kritische Briefe über die Tonkunst (1759–1763) II S. 273. – [2]) Mattheson: a. a. O. S. 264. – [3]) Rudolf Gerber: Der Operntypus J. A. Hasses und seine textlichen Grundlagen (1925) S. 87.

als eine „recht traurig und oft weinend lautend" bezeichnete
E Dur vorzugsweise zu Arien verwendet wurde, die eine Ab-
schiedsklage zweier Liebenden darstellen. Für die Oper selbst
ist die Darstellung der Affekte von wesentlicher Bedeutung, da
in ihr „auf die Ausarbeitung der Affekte meist mehr Gewicht
gelegt wurde als auf die Fortführung einer dramatisch bewegten
Handlung." [1]) So müssen wir mit G. Fr. Schmidt nicht so sehr
von einer Barock- oder Arienoper – eine Bezeichnung, die nur die
formtechnische Anlage für die Oper berücksichtigt – in dieser Zeit
sprechen, sondern von einer Affektenoper; „denn die Darstellung
bedeutenderSeelenzustände war eben die Hauptaufgabe der damaligen Opernkomponisten."

Zu Beginn der zweiten Hälfte des Jahrhunderts tritt nun
die starre, rationalistische Affektenlehre zurück und, indem
die Mannigfaltigkeit und Freiheit des musikalischen Ausdrucks
innerhalb der einzelnen Formtypen sich immer mehr steigern,
findet die Allgemeinheit des musikalischen Ausdrucksvermögens
erhöhte Anerkennung. So erkennt Scheibe bereits die Unmög-
lichkeit, die Affektendarstellung durch die Musik zu typisieren: [2])
„Wenn tausend Komponisten zu einer, einerley Affekt, Sache und
Worte auf das vernünftigste und ordentlichste Art auszudrücken
bemühet wären: so würden sie, bey dem allernatürlichsten Aus-
drucke dennoch alle ganz und gar von einander unterschieden
seyn; ein jeder würde eine neue Erfindung zeigen." Das Gebiet
der Musik erstreckt sich nun nicht mehr bloss auf die nach-
geahmte Sprache, [3]) „sondern auch über, was klinget, tausend
Empfindungen, die die Redekunst nicht erfassen kann, sind der
Musik unterworfen. Sie ist eben eine allgemeine Sprache der
Natur." „Die Sprache des Herzens ist nicht reich genug, als dass
die Musik nur nachahmen könnte." [4]) Aus dem „Naturreich" kann
der Musiker höchstens Andeutungen von dem seiner Kunst eigen-
tümlichen Ausdruck der Emfindungen und Leidenschaften erhalten,
sagt Carl Spazier: „denn so deutlich und lebhaft auch Poesie und
Sprache ihm die Merkmale derselben angeben und Zeichnungen
davon angeben mögen, so verlassen sie ihn doch gerade in dem
entscheidenden Augenblick, wo er zu seinem Instrumente greift,

---

[1]) Gustav Friedr. Schmidt: Die frühdeutsche Oper und die musikdramatische
Kunst Gg. Casp. Schürmanns (Regensburg 1933). – [2]) Scheibe: Kritischer
Musikus (1737–1740) S. 53. – [3]) Marpurg: Histor. Krit. Beitr. (1754–62) I 4. St.
[4]) Marpurg: a. a. O. I 6. St.

um sie in seine Sprache zu übersetzen; gerade das Hauptsäch-
lichste, die Darstellung seiner Ideen durch Töne muss er aus sich
selbst und aus der Kunst, über die er in dem Momente der
Darstellung allein mit seinem Geiste herrscht, zeigen." [1] Anstelle
der blossen Nachahmung tritt der Ausdruck der Empfindung.
„Denn es kann" nach Krause „aber nicht so rühren, wenn man
ein Wort ausdrückt, als es rührt, wenn eine Empfindung ausge-
drückt ist." Daher wird auch die Naturschilderung in der Folgezeit „mehr Ausdruck der Empfindung als Malerei." Die Phantasie
schafft nicht mehr nach einem Modell der aussenmusikalischen
Welt, sondern frei, und zwar durch die Mittel der Tonkunst selbst.
Der sinnliche Reiz der Musik erlangt Bedeutung, wie Heinichen
bereits 1728 es fordert, wenn er nicht die ratio, sondern den
auditus bevorzugt wissen will. Hat die Affektenlehre den gear-
beiteten Stil wegen Mangel an Klarheit und Deutlichkeit abge-
wiesen, so die Theorie „der expressiven Periode," da sie Mannigfaltigkeit im Ausdruck verlangt. Die von den „harmonischen
Künsten" befreite Melodie, das jedem Ausdruckswechsel entsprechende Cantabile tritt in den Vordergrund. Der gearbeitete Stil
ist künstlich, beschäftigt den Verstand, erregt aber nicht die Leidenschaften, „die Melodie dagegen", schreibt Mattheson, „beweget
mit ihrer Einfalt, Klarheit und Deutlichkeit die Herzen solcher-
gestalt, dass sie oft alle harmonischen Künste übertrifft." [2] Scheibe
meint „wenn man allen Stimmen gleichviel zu tun gibt, fällt man
in die schwülstige Schreibart." [3] Und Riepel: „Es scheint freilich,
wohl nicht allgemein, doch offenbar zu sein, dass die Alten ihr
Vergnügen mehrenteils in der vollen Harmonie suchten; hingegen
heutzutage wird nebenbei noch ein guter Gesang samt der reinen
Harmonie verlangt, nur dass der Gesang allenthalben den Vorzug
hat." [4] „Das weiss ich wohl, dass man allezeit und hauptsächlich
auf einen guten Gesang muss sehen." [5] „Da doch die Zuhörer,
wie bekannt, mit viel Zusammensuchen die Ohren nicht gern be-
schweren, sondern lieber nur auf einen einzigen äusseren Hauptgesang merken, welchen die übrigen Stimmen teils unterstützen,
teils verstärken, aber keineswegs verwirren lassen. Das, was viele
unter den abgelebten Komponisten nicht verstehen, sondern sie
füllen alles mit Kraut und Rüben." [6]

---

[1] Grétry: Versuche über die Musik (herausgegeben von Carl Spazier, Leipzig 1800) S. 58. — [2] Mattheson: a. a. O. S. 138. — [3] Scheibe: a. a. O. S. 152. —
[4] Riepel: a. a. O. Kap. V S. 29. — [5] Riepel: a. a. O. Kap. I S. 9. — [6] Riepel:
a. a. O. Kap. I S. 21.

So wird gegen Ende des Jahrhunderts immermehr die Musik als Ausdruck des Gefühls gedeutet, nicht mehr die Vernunft engt wie in der Aufklärung die allgemeine Wirkung der Musik durch ihren Kodex der Affektendarstellung ein, sondern das „dunkle Gefühl" lässt sich von der Musik zu freien Empfindungen leiten. Die Musik wird schliesslich so zum Mittel der freien Phantasie, die ihre eigenen „magischen Bilder" sich formt, – jene endgültige romantische Auffassung des musikalischen Erlebens, die noch im 18. Jahrhundert W. H. Wackenroder mit seinen von Tieck 1797 und 1799 herausgegebenen „Herzensergiessungen eines kunst-liebenden Klosterbruders" und „Fantasien über die Kunst für Freunde der Kunst" vorbereitet. [1])

Bemühte sich die Theorie des 18. Jahrhunderts um die ge-haltliche Analyse des Kunstwerks der neuen Stilrichtung im starken Maße, so setzten die Versuche einer theoretischen Fixierung der rein formalen Struktur nur langsam ein. Nach wie vor füllten die Anleitungen und Anweisungen zur Komposition nur die Regeln der Harmonie- und Kontrapunktlehre. Die Harmonielehre erhielt dabei durch die Untersuchungen Rameaus ihre neuzeitliche Akkorddeutung, die Generalbasslehre durch Heinichens und Mar-purgs [2]) Lehrbücher ihre letzte konsequente Durcharbeitung, die Kontrapunktlehre durch Fux' Gradus ad parnassum ihre bis in die Neuzeit wirksame Darstellung. Die musikalische Form als solche jedoch wurde hauptsächlich nur in den Kreis ästhetischer Betrach-tung gezogen. „So können wir nicht erwarten, dass das Auffällige der Sinfonie an formalen Aenderungen statt an Affektverschieden-heit gezeigt werde." [3]) Daher muss sich Scheibe noch wundern, „dass so wenig Deutliches von dieser, die Schönheit einer Musik befördernden Sache (Formenlehre d. V.) aufgezeichnet ist." [4])

---

[1]) Vgl. H. Goldschmidt: Die Musikästhetik des 18. Jahrhunderts (1915); E. Katz: Die musikalischen Stilbegriffe des 17. Jahrhunderts (Augsburg 1926); Rud. Schäfke: Quantz als Aesthetiker – Einführung in die Musikästhetik des galanten Stils (AfMW VI, 2; 1924); Geschichte der Musikästhetik in Um-rissen (Berlin 1934); A. Schering: Musikästhetik der Aufklärung (Zf. MW I, 298); E. Bücken: Der galante Stil. Eine Skizze seiner Entwicklung. (Zf. MW. VI S. 418.) – [2]) Vgl. Eugen Bieder: F. W. Marpurgs System der Harmonie, des Kontrapunkts und der Temperatur (Berliner Diss. 1923). – [3]) R. Sond-heimer: Die Theorie der Sinfonie und die Beurteilung einzelner Sinfonie-komponisten bei den Musikschriftstellern des 18. Jahrhunderts (Leipzig 1925). [4]) Scheibe: a. a. O. S. 626 Anm.

Wohl wurde die galante Schreibart, die aus der kontrapunkti-
schen sich evolutionistisch herausbildete, von den Theoretikern
beschrieben. Als „mittlere Schreibart" ist sie „deutlich, fliessend, und
doch scharfsinnig, und bedienet sich auf ungezwungene Art man-
cherley wohl ausgesonnener Zierarthen" (Scheibe). Die Abweichun-
gen von der strengen Schreibart bestehen nach den Theoretikern in
der freien Behandlung der Dissonanzen, im Gebrauch der „durchgehenden und ausschweifenden Noten", in der Bevorzugung kleiner
Intervallschritte und der „chromatischen Schärfung" („das Wildbret
muss muffen" Mattheson, Riepel), und in der vielgestaltigen und
mannigfachen Anwendung der „Manieren". Die rein formale Gestaltung des neuen Stils jedoch blieb von den meisten Theoretikern
unberücksichtigt. — Wie aber die barocken Grossformen der Suite
und des Concerto grosso von der Konzertsinfonie und dem Solo-
konzert abgelöst wurden, so erhielt auch die kleinformale Anlage
eine wesentliche Umgestaltung. Die barocke lineare Melodiefort-
spinnung wird in der galanten Schreibweise in die kleinsten
melodischen Sequenz- und Symmetriebildungen aufgelöst, die
polyphone Motivik in die liedmässige Melodieführung der einer
geschlossenen Taktsymmetrie unterworfenen Periode umgebogen.
Die rhythmische Gegenüberstellung von schwer und leicht, bei
der polyphonen Melodie nur innerhalb des Taktes wirksam, wird
in der homophonen Melodie auch auf die Takte selbst übertragen.
Der Takt bedeutet bei der Melodie des Baroks nicht mehr als
orientierende Stütze für den rhythmischen Verlauf der melodischen
Bewegung, sodass das Taktgerippe eigentlich unter der fliessenden
Melodie liegt, die sich von ihm wohl abmessen, aber in ihrer
Bildung nicht beeinflussen lässt. Bei der homophonen Melodie
jedoch wird der Takt zum wichtigen Formungselement. Innerhalb
bestimmter Taktgruppen hat sich die Melodie zu entwickeln und
mehr oder minder abzuschliessen. An die Stelle der frei fliessenden, einer linear wirksamen Bewegungskraft folgenden Barock-
melodie tritt die in ein bestimmtes Taktschema gespannte homophone Melodie, deren wesentliches Formkriterium in der Gegenüberstellung und Kontrastierung kleiner und kleinster Taktgruppen
besteht. Spinnt sich daher der barocke Melodiebogen frei von
regelmässigen Cäsuren über eine weite harmonische Kadenzierung,
so verlangen die vielen Melodieeinschnitte der homophonen Melodik
auch entsprechende harmonische Cäsuren. Die in der polyphonen
Melodie in grossen Abständen erfolgenden Kadenzcäsuren rücken

hier also nahe zusammen. Diese Häufung harmonischer Kadenzierung steht in engstem Konnex mit den vielen melodischen
Cäsurbildungen; die dadurch gegebene harmonische vertikale Be-
dingtheit des Melodischen führt notwendig zur Unterordnung aller
Stimmen gegenüber der Melodiestimme, um deren harmonische
akkordliche Stütze zu bilden. [1] – Diese neue Art der Melodiebildung, die anstelle freier Fortspinnung symmetrisch gegliederte
Geschlossenheit setzt, war bei ihrem Auftreten in der praktischen
Musik nur wenig Gegenstand theoretischer Betrachtung. Riemann,
der besonders auf dem Gebiete der Rhythmik und Metrik systematische Untersuchungen anstellte, wies auf Vertreter dieser Dis-
ziplin am Ende des 18. Jahrhunderts hin (Koch, de Momigny).
Rob. Sondheimer untersuchte in seiner bereits oben erwähnten
Studie vor allem die theoretische Darstellung der grossformalen
Anlage der Sinfonie im 18. Jahrhundert. –

Vorliegende Arbeit will nun diese Untersuchungen in der
Weise ergänzen, dass sie die ersten theoretischen Betrachtungen
über die neue Melodie- und Satzbildung aufzudecken und klar-
zulegen sich bemüht. Dieser Versuch fällt zusammen mit der
Darstellung der Takt- und Tonordnung Josef Riepels, der bereits
in der Mitte des 18. Jahrhunderts die Melodie- und Satzbildung
des neuen Stils zum ersten Mal erörtert.

2. Entwicklungsgeschichtliche Bedeutung und An-
lage des theoretischen Werks Josef Riepels.

Mattheson gibt in seinen Schriften „Kern melodischer Wissenschaft" (1737) und „Der vollkommene Kapellmeister" (1739) zum
ersten Male, wie er selbst sagt, von der Melodiebildung „Be-
schreibung und Regeln." Er fordert von einer richtigen Melodie,
dass sie leicht, lieblich, deutlich und fliessend sei. In erster Linie
sind es natürlich Forderungen der Affektenlehre, denen die Melodie bei Mattheson zu genügen hat. Bei der Besprechung der
Deutlichkeit einer Melodie kommt er aber auf den Bau der
Melodie selbst zu sprechen. „Die vierte Regel der Deutlichkeit
beruht auf der Anzahl der Abmessungen oder Takte, welche man
sonst Mensuren nennet. Ob nun gleich deren Verhalt in grossen

---

[1] Vgl. E. Kurth: Grundlagen des linearen Kontrapunkts, Einführung in
Stil und Technik von Bachs melodischer Polyphonie (3. Aufl. 1927).

und langen Sätzen, nicht so leicht von jedermann erkannt werden mag, wird doch eine bequeme und begreifliche Einrichtung dieses Artikels nicht wenig Deutlichkeit geben." [1) „Wie nun in der gantzen Natur und allem erschaffenen Wesen kein eintziger Leib, ohne Zergliederung, recht erkannt werden mag; so will ich der erste seyn, der eine Melodie zerleget und ihre Theile ordentlich untersuchet. Zur Probe soll's fürs erste einem Menuetgen gelten: damit jedermann sehe, was ein solches kleines Ding im Leibe hat, wens kein Misgeburt ist, und damit man von geringen Sachen auf wichtigere ein gesundes Urtheil fallen lerne." [2) „Wenn die Menueten-Melodie auch nur 16 Takte lang ist, (denn kürzer kann sie wohl nicht seyn), wird sie wenigstens einige Commata, ein Semicolon, ein paar Cola, und ein paar Punkte in ihrem Begriff aufzuweisen haben. Das sollte mancher schwerlich denken; und ist doch wahr. An einigen Stellen, wenn die Melodie richtiger Art ist, kan man auch den Nachdruck deutlich vernehmen, der Akzente, Fragezeichen etc. zu geschweigen. Der numerus sectionalis, oder geometrischer Verhalt, und der Rhythmus oder arithmetrische Verhalt, sind beyde unentbehrliche Dinge bey allen Tanz-Arten, und geben derselben die richtigen Maasse und Gestalt. Wir wollen an der Minuetten hiervon ein solches Exempel zeigen, welches bey allen übrigen genugsamen Anlass zur Zergliederung geben kann.

Fig. 1

Da ist nun ein gantzer musikalischer paragraphus oder Zusammensatz von 16 Takten, aus welchen (durch die Wiederholungen) 48 werden: dieser bestehet aus zweyen periodis oder Sätzen, die sich (gleich den folgenden Einschnitten) durch die Wiederholungen, um zwey Drittel vermehren, und unter den Schluss-Noten mit Punkten (∴) bemercket sind. Es befindet sich darin nicht nur ein Colon oder Glied; sondern auch ein Semicolon oder halbes Glied: die man bey ihren gewöhnlichen Zeichen (:) (;) erkennen kan.

1) Mattheson: Kern melodischer Wissenschaft (1737) S. 41.
2) Mattheson: Der vollkommene Kapellmeister (1739) S. 224.

Man trifft ferner drey Commata an, daraus neun werden, und die mit dem bekannten Beystrichlein (,) versehen sind. Die dreyfache emphasin aber deuten wir mit ebensovielen Sternlein (*) an. Der numerus sectionalis, oder geometrische Verhalt, ist hier, wie durchgehends bey allen guten Tanßarten, 4: und hat vier Kreußlein (†) zum Abzeichen. Die Rhythmi, oder Klang-Füsse des ersten und anderen Tacts werden im fünfften und sechsten wieder angebracht ˇ -/- ˇ -/. Diejenigen, so sich hernach im neunten und zehnten Tact angeben, ˇ ˇ --/--- höret man gleich im elfften und zwölfften gerne noch einmahl, woraus denn die arithmetische Gleichförmigkeit erwächst. Und das wäre die gantze Zergliederung in acht Stücken." [1]

Dass diese Untersuchung Matthesons an Hand eines Tanzstückes gemacht wird, ist leicht begreiflich, nachdem nur die Tänze in der Barockmusik an ein bestimmtes Taktschema gebunden waren. Die in der Aesthetik des 18. Jahrhunderts so stark wirksame Nachahmungslehre erhält auch hier für die Melodiebildung Bedeutung, insofern die Theorie fordert, die Melodie habe in ihrer formalen Anlage nur die Rede nachzuahmen. So fordert Mattheson für die Melodie als „Klangrede" die Interpunktion der Rede. „Die Lehre von den Incisionen, welche man auch Distinctiones, Interpunctationes, Posituras u. s. w. nennet, ist die allernothwendigste in der gantzen melodischen Saßkunst. Die grösste melodische Einheit stellt der Paragraphus dar „ein gantzer Zusammensaß, welcher gemeiniglich die Schranken einer Arie einnimmt und . . . . aus verschiedenen kleinen Säßen oder kurzen Vorträgen, wenigstens aus zween bestehen und ein einander gefügt seyn muss." Ein solcher kleiner Saß oder Vortrag heisst bei Mattheson eine Periode, ein kurzgefasster Spruch, „der eine völlige Meinung oder einen ganzen Wort-Verstand in sich begreiffet." Die kleinsten Einschnitte der Klangrede besorgen schliesslich die Commata [2] (vgl. die oben angegebene Analyse eines Menuetts von Mattheson). — Die ausführliche Darstellung, die Scheibe von dem sich entwickelnden klassischen Sinfoniesaß gibt, berücksichtigt noch in keiner Weise die neue Melodieformung. Lösten sich doch auch in der Sinfonie die Themen nur langsam von der suitenartigen Fortspinnung los und erstand erst, als eine einzige „simple

---

[1] Mattheson: Kern melodischer Wissenschaft (1737) § 51.
[2] Mattheson: Der vollkommene Kapellmeister S. 180.

Idee nach einer gewissen Gestalt und gewissen Verhältnissen sich ausbildete" die geschlossene musikalische Periode, die dann auch theoretisch untersucht werden konnte. [1] Die Theoretiker, soweit sie sich mit dem Melodiebau beschäftigen, stützen sich vorerst alle auf die Analyse Matthesons und fordern die Cäsurbildungen der Rede auch für die Musik, übersehen aber die der Melodie eigenen Formgesetze. So schreibt Meinrad Spiess, sich ganz an Mattheson anlehnend: „Nun erstehet jeder Vortrag in gewissen Periodis; ein solcher Satz aber wiederum in kleineren Einschnitten biss in den Einschnitten eines Puncts. Aus sothanen Sätzen erwachst ein gantzer Zusammen-Satz oder Paragraphus, und aus solchen verschiedenen Schrifft-Absätzen oder §§ wird endlich ein Haupt-Stück oder Kapitel. – In der Melodia, als in einer Klang-Rede brauchen wir aufs höchste zur Zeit nur einen Paragraphen, gantzen Zusammen- oder Absatz, welcher gemeiniglich die Schranken einer Aria einnimmt, und aus verschiedenen kurzen Vorträgen, wenigstens aus zwey bestehend, und aneinander gefüget seyn muss. Ein Periodus aber ist ein kurtz gefasster Spruch, der eine völlige Meynung oder einen gantzen Wort-Verstand in sich begreifet...". Ebenso übernimmt Marpurg von Mattheson die Bezeichnung für die einzelnen Teile der Periode. Der Paragraph erscheint als die höchste Einheit und bezeichnet entweder ein ganzes kleines Musikstück (Menuett) oder den ersten Teil eines grösseren (Allegro). Der Paragraph setzt sich aus mehreren Perioden zusammen, von denen jede einzelne einen Kadenzschluss aufweist. Die Periode selbst zerfällt wieder in die Sectionalzeilen; die Sectionalzeile umfasst eine Anzahl von Noten, „die bequem in einem Atem gesungen werden kann." [2] Der Umfang kann sich auf 1 bis 4 Takte erstrecken.

Diese Definitionen fordern nur Satzbildungen und Satzcäsuren in der Musik wie in der Rede, anstatt von der Melodieformung auszugehen. Entsprechend ihrer rationalistischen Einstellung glaubten die Theoretiker eine vollständige Uebereinstimmung zwischen

---

[1] Hiller: Wöch. Nachr. I S. 382: „Die Italiener fanden aber, dass alle ihre künstlichen Einfälle nichts sagten, und dass sie keinen Gesang erfinden konnten, als wenn sie sich an eine einzige und simple Idee hielten und diese nach einer gewissen Gestalt und gewissen Verhältnissen ausbildeten. Sie erfanden dadurch die musikalische Periode. Eine Arie, sie mochte in ihrer Modulation noch so mannigfaltig sein, musste allemal eine einfache Idee, ein Hauptthema zum Grunde haben, welche die Italiener il motivo nannten."

[2] Marpurg: Krit. Briefe über die Tonkunst (1759–63) II S. 33.

Rede und Musik auch in der formalen Anlage herstellen zu müssen und begnügten sich daher, Definitionen grammatikalischer Art ohne Aenderungen auf die Melodiebildung anzuwenden. So kamen sie wohl auf die Cäsurbildung der Melodie, die den Interpunktionen der Rede gleichzuseßen ist, zu sprechen, forderten „vollständige Kadenzen" am Schlusse, „halbe Kadenzen" in der Mitte des Saßes, harmonische und melodische Spannungen bei kleinen Abschnitten („schwebende Absäße", Marpurg), die eine sinngemässe Weiterführung bedingen, mussten jedoch Melodiebildungen, die eine wenigstens unmittelbare Vergleichung mit der Rede nicht zulassen, (wie Saßerweiterungen und Saßverkürzungen) vollständig übersehen.

Erst mit Beginn der zweiten Hälfte des 18. Jahrhunderts setzen die Versuche ein, den für die neue Form so wichtigen metrischen und harmonischen Aufbau der Themen und Säße theoretisch zu fixieren. Das erste Werk, das sich mit dieser für die Theorie völlig neuen Materie beschäftigte, waren Josef Riepels „Anfangsgründe zur musikalischen Setzkunst." Für die ganze zweite Hälfte des Jahrhunderts bis zu H. Chr. Koch blieben die Untersuchungen Riepels grundlegend, sodass jeder Theoretiker, der die „Taktordnung" behandelte, sich auf Riepel stützte.[1]) Während viele Theoriebücher des 18. Jahrhunderts bei ihrem Erscheinen sich eine scharfe Kritik gefallen lassen mussten, erhielt das Werk Riepels einstimmige Anerkennung, wenn auch die Form der Abfassung öfters gerügt wurde. Marburg schreibt: „Man kann von dem Rhythmo und dem Metro die Schriften des berühmten Herrn Riepel, in dem 1. und 2. Kapitel mit Nutzen lesen."[2]) Ebenso J. A. P. Schulz: „Die Lehre von dem musikalischen Rhythmus hat unter anderm Josef Riepel, in seinen Anfangsgründen zur musikalischen Setzkunst ganz gut ...... auseinandergesetzt."[3]) J. Siegm. Gruber meint: „An Gründlichkeit überragt dieses Werk manch anderes, das anziehender geschrieben ist."[4]) Nach Hiller ist es Riepel zu danken, „dass wir in vielen dergleichen Dingen, als z. E. in der Lehre vom Rhythmus, vom

---

[1]) Das Werk war z. B. auch im Besiße von Leopold Mozart (L. Schiedermair: Die Briefe L. Mozarts: I. Bd. S. 169).

[2]) Marpurg: Handbuch bey dem Generalbasse und der Komposition (1755–58) S. 223.

[3]) Sulzer: a. a. O. 4. Teil S. 97.

[4]) J. Siegm. Gruber: Literatur der Musik (1783) S. 37.

Metro, von den Abschnitten, uns schon besser zurechtzufinden wissen." [1] C. Ferd. Becker schreibt: „dass die Schriften von Riepel höchst ausgezeichnet sind und noch jetzt bei den höheren Studien der Tonkunst mit Vorteil angewendet werden dürften." [2] Auch Joh. Nic. Forkel weist besonders auf Riepels Werk hin: „da wir wenig musikalische Schriften von solcher Gründlichkeit besitzen." [3] Gerber betont ausdrücklich, dass Riepel „die Lehre vom Rhythmus, dieses Chaos vor seiner Zeit, so deutlich und für jeden verständlich in seinen Anfangsgründen auseinandergesetzt hat." [4] Fétis bemerkt: „On y trouve quelques parties excellentes, particulièrement, en ce qui concerne le rhythme." [5] H. Chr. Koch, der nach Riemann die beste Formenlehre des 19. Jahrhunderts geschrieben hat, bezeichnet Riepel als den ersten, der die Melodiebildung untersucht hat: „Riepel war der erste (und ist auch der mir bisher einzige bekannte Theorist), der diese Gegenstände ausführlich behandelt hat. Das erste Kapitel seiner Anfangsgründe zur musikalischen Setzkunst enthält die Taktordnung . . . . . .; in den drey folgenden Kapiteln hingegen ist die Tonordnung . . . . . . abgehandelt, und diese 4 Kapitel verbreiten über diese Gegenstände, die damals theoretisch betrachtet, noch ganz in Dunkel gehüllt waren, die ersten Strahlen des Lichts." [6] – Riepel nun bemerkt ausdrücklich im Gegensatz zu den übrigen Theoretikern, „dass die musikalische Rhythmopoeia mit dem lateinisch-poetischen metro keineswegs so übereinstimmen könne, wie ein sicherer P. S. (Spiess? d. V.) ohne einziges Bedenken sich unterstanden hat, in seinem Traktat sogar Regeln davon zu entwerfen." [7] Schon die Einteilung der Materie zeigt, dass Riepel von der musikalischen Gestaltung selbst ausgeht. Die Taktordnung erfasst vor allem die melodische, die Tonordnung die harmonische Formung des musikalischen Satzes. Diese Einteilung wird dann von Koch übernommen, demzufolge auf folgende Eigenschaften des musikalischen Satzes Rücksicht genommen werden muss: 1. auf die Endigung oder auf die formale und die harmonische Grundlage, mit welcher

---

[1] Hiller: Wöch. Nachr. (1766–1770) I S. 15.
[2] C. Ferd. Becker: Systematische chronologische Darstellung der Musikliteratur (Leipzig 1836) S. 442.
[3] J. Nic. Forkel: Allgemeine Literatur der Musik (1792) S. 428.
[4] Gerber: Hist. Biogr. Lexikon 2. Teil (1792) S. 289.
[5] Fétis: Biographie universelle des Musiciens (1864) Art. Riepel.
[6] H. Chr. Koch: Versuch einer Anleitung zur Komposition (1782–1793) S. 11.
[7] Riepel: a. a. O. Kap. I Antwortschreiben P. S.

sie (die Periode) schliesst, d. i. auf die interpunctierende Beschaffenheit, 2. auf den Umfang ihrer Takte, auf die Aehnlichkeit ihres Metrums, d. h. auf ihre rhythmische Beschaffenheit und 3. auf den Umfang ihres Materials oder auf den Grad ihrer Vollständigkeit, die wir ihre logische Beschaffenheit nennen wollen." Riepel gelangt, da er den musikalischen Satz zu zergliedern sucht, zu der Erkenntnis der wesentlichsten Merkmale der klassischen Melodiebildung. Die motivische Korrespondenz, die verschiedene Abgrenzung der Motiveinheiten, das Problem der geraden und ungeraden Ordnung bei Taktgruppierung werden bei ihm bereits behandelt. Die verschiedenen Arten der Erweiterung und Verkürzung einer Periode bringt Riepel zur klaren Darstellung. Ferner legt er die harmonische Fundierung, die modulatorische Grundlage der Periode dar und sucht von ihr aus die Formung des klassischen Sinfonie- und Konzertsatzes zum ersten Mal nicht nur ästhetisch, sondern auch in ihrer melodischen und harmonischen Gliederung zu erkennen.

Die Untersuchungen Riepels über den Melodiebau sind ein Teil eines Gesamtwerkes, das, ähnlich den grossen Theoriewerken des 18. Jahrhunderts, eine Darstellung der ganzen Musiktheorie zu geben versucht. Das Werk trägt den Titel: Anfangsgründe zur musicalischen Setzkunst: nicht zwar nach alt-mathematischer Einbildungsart der Zirkel-Harmonisten, [1] sondern durchgehends mit sichtbaren Exempeln abgefasset. Es erschien in einzelnen Teilen (Kapiteln), und zwar:

Kapitel I: De Rhythmopoeia oder von der Taktordnung (Regensburg 1752; 2. Auflage 1754);

Kapitel II: Grundregeln zur Tonordnung insgemein (Frankfurt, Leipzig 1755);

Kapitel III: Gründliche Erklärung der Tonordnung insbesondere, zugleich für die mehresten Organisten insgemein (Frankfurt, Leipzig 1757);

---

[1] Riepel will sich also bereits durch den Titel bewusst von den Theoretikern, die in der mathematischen Berechnung (Temperaturen!) die Hauptaufgabe der Theorie erblicken, unterscheiden. Doch kann auch er sich von Versuchen rein rationalistischer Art nicht freimachen. Wie Heinichen schlägt er noch eine Uebertragung der oratorischen Topik mit ihren Fragen quis quid, ubi, quibus auxilis, cur, quomodo, quando auf die musikalischen Kompositionen vor, und will die Permutation einzelner Töne ("die Verwechslungskunst") für die Erfindung von Themen angewendet wissen.

Kapitel IV: Erläuterung der betrüglichen Tonordnung, nämlich das versprochene vierte Kapitel (Augsburg 1765);

Kapitel V: Unentbehrliche Anmerkungen zum Contrapunct
über die durchgehend-verwechselt- und ausschweifenden Noten
usw. (Augsburg 1768);

Kapitel VI: Vom Contrapuncte Ms. (Kopien von Sebastian
Prixner in BB.).¹)

Während die Darstellung der Takt- und Tonordnung als ein
völlig selbständiges Werk Riepels anzusehen ist, da Vorarbeiten
auf diesem Gebiet so gut wie keine vorhanden waren, bringt
seine Harmonie- und Kontrapunktslehre für die Entwicklung dieser
Disziplin nichts wesentlich Neues. Seine Abhängigkeit von Josef
Fux ²) bestätigt er selbst wiederholt. ³) Schon die Anlage des
Werks in Dialogform deutet auf das Vorbild des Wiener Theo-
retikers hin. Die Bezugnahme auf Fux als massgebende Autorität
in strittigen Fällen ist ebenso selbstverständlich, wie die wörtliche
Herübernahme von Satzregeln. Obwohl er natürlich z. B. die
moderne Moll- und Dur Tonart seinem System zu Grunde legt,
und nicht wie Fux die Kirchentonarten, so hält er doch an anderen
überlebten theoretischen Anschauungen fest. So will er die Be-
zeichnungen Dur und Moll für Erhöhung bezw. Erniedrigung eines
Tones, Terz maior und Terz minor für Dur- und Moll Tonart
nicht aufgeben. In der Harmonielehre bleiben viele Unklarheiten
der Generalbasslehre bestehen. Die Konsonanz der verminderten
und übermässigen Quinte ist, wiewohl der dissonante Klang zu-

---

¹) Ausser dieser zusammenhängenden Folge von Einzeldarstellungen schrieb
Riepel noch: Baßschlüssel, d. i. Anleitung für Anfänger und Liebhaber
der Setzkunst, die schöne Gedanken haben und zu Papier bringen, aber
nur klagen, dass sie keinen Bass recht dazu zu setzen wissen (Regensburg 1786, herausgeg. v. Johann Kaspar Schubarth, Kantor, einem Schüler
Riepels.). Harmonisches Silbenmaß, Dichtern melodischer Werke gewidmet und angehenden Singkomponisten zur Einsicht (1. und 2. Teil 1776,
3. Teil Ms. in BB.). Fugenbetrachtungen 1. und 2. Teil (Ms. Kopie von
Prixner BB.). Twittenhoff gibt noch an: Abhandlung über den Kanon,
kein Ms. aufzufinden. Silva rerum. (Ms. in Bibl. Proske.).

²) Mit Zelenka, der in Wien mit Fux, wahrscheinlich als dessen Schüler,
verkehrte, pflegte Riepel während seines Dresdner Aufenthalts täglichen
Umgang" (Kapitel IV S. 101).

³) „Du weisst, dass ich meine harmonische Einsicht, wie sie immer sein mag,
vorzüglichen diesem unsterblichen Meister, nämlich vermittels seines
Traktates habe." (Fugenbetrachtung S. 101).

gegeben wird, wegen ihrer Ableitung aus der reinen Quint zu verteidigen. Dagegen hat die Quarte stets dissonanten Charakter, da bei ihr wie beim Quartsextakkord nur der Vorhaltscharakter erfasst wird, wiewohl bereits vorher Sorge die doppelte Bedeutung des $\frac{6}{4}$ als reine Umkehrung und als Vorhalt erkannt hat. In der Akkordlehre bringt Riepel die damals landläufige Einteilung in vollkommene Akkorde (Dur- und Moll Dreiklang in der Grundform) und unvollkommene Akkorde (alle übrigen Akkorde, also auch die Umkehrungen des Dreiklangs). Jedoch hebt er die drei Akkorde der Tonika, Dominante und Subdominante im „Bassschlüssel" als Grundakkorde deutlich hervor: „Zum Voraus muss ich anmerken, dass der uralte Bass zum Gesang von einigen (vielleicht erst in diesem Jahrhundert) für systematisch erkannt ist worden. Dieser Erklärung zufolge hat die ganze Oktavleiter nur drei Grundbassnoten, die übrigen sind Neben- oder Ausfüllungstöne, die ich aber aus Achtung für ihre guten Dienste wenigstens Mittelbassnoten nenne; . . . . . . es ist wahr, dass man auf dem Monochord von Natur noch zu jeder von diesen drey Noten eine grosse Terz, und eine Quinte mitklingen hört . . . . . . Nun haben wir mittelst Grundbassnoten und Nebenklängen, oder von mir so beliebten Mittelbassnoten eine gantze Oktavleiter . . . . . . Dieser Gesang verlangt nun . . . . . . durchgehend keine anderen als Grundbassnoten. . . . folglich sey diese Gesangleiter mit ihrem Bass die erste und vorzüglichste, und es wird genug sein, aufrichtig zu gestehen, dass ich insoweit dafür eingenommen bin." [1] Riepel scheidet also die leitereigenen Dreiklänge in Grund- und Nebendreiklänge („Grundbassnoten und Nebenklänge"). Diese jetzt noch in der Harmonielehre gebräuchliche Scheidung dürfte in dieser Form Riepel zum ersten Male im obigen Passus bringen, sodass die von Riemann [2] Koch zuerkannte Priorität der Scheidung von Dreiklängen in wesentliche und zufällige nicht zu Recht besteht. Eine besondere Hervorhebung verdienen ferner seine Angaben über diatonische und chromatische Modulation. Ausgehend von der Quintverwandtschaft gelangt er von der einfachsten Funktionsumdeutung durch Ueberspringen von Zwischengliedern (besonders bei chromatischer Veränderung) zu Modulationstypen gedrängtester Art („kürzere und gähre Ausweichung").

---

[1] Baßschlüssel S. 6 und 7.
[2] Riemann: Geschichte der Musiktheorie (2. Aufl. 1920) S. 501.

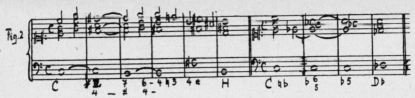

Im Kontrapunkt, vor allem in der Lehre von der Fuge, ist die Anlehnung an Fux besonders stark, wenn auch z. B. in der Themenbeantwortung die Darstellung Riepels viel klarer wirkt als die Fuxens, der hier besonders durch die Zugrundelegung der Kirchentonarten gehindert wird. So korrigiert Riepel eine durch die mixolydische Tonart bedingte Quartenbeantwortung von Fux, indem er dafür die tonale Quintenbeantwortung setzt:

Im übrigen krankt die Darstellung des Kontrapunkts bei Riepel, wie bei den anderen Theoretikern, daran, dass die polyphone Themenbildung selbst, [1] besonders die instrumentale, wie sie Bach in seinen Werken zeigt, unbeachtet bleibt und die Abhandlung nur in einer Sammlung von Stimmführungsregeln besteht. [2]

Die hier nun näher zu untersuchende Takt- und Tonordnung verteilt sich auf die vier ersten Kapitel des Werks. Am geschlossensten in der Darstellung wirkt das erste Kapitel, das die Taktordnung bringt und bereits von Riemann als sehr wertvoll bezeichnet wird. [3] Das zweite Kapitel enthält den wesentlichsten Teil der Tonordnung (nämlich die der Periode, des Sinfonie- und Konzertsatzes). Das dritte Kapitel bringt nur einen Nachtrag zum Konzert, während das vierte Kapitel besonders die Sequenz untersucht.

[1] Vgl. Eugen Bieder: a. a. O.
[2] Das Studium des Werks wird besonders dadurch erschwert, dass die durch die Dialogform geförderte lockere Schreibart eine geordnete, planmässige Darstellung nur selten aufkommen lässt. Jede sich bietende Gelegenheit, in andere Gebiete der Theorie abzuschweifen, wird mit Vergnügen erfasst, sodass die Behandlung einzelner Probleme sich auf verschiedene Kapitel verteilt. Der grosse Vorzug des Werks ist aber, dass jeder behandelte Gegenstand durch die ausführlichsten Notenbeispiele erläutert wird (was stets auch Riepel in der Ueberschrift zu den einzelnen Kapiteln erwähnt: durchaus mit musikalischen Exempeln abgefasst), die das Verständnis ausserordentlich fördern.
[3] Riemann: Musiklexikon, Artikel Riepel.

II.

Die Formenlehre Joseph Riepels.

A. Die Taktordnung.

Riepel sieht in der Taktordnung nicht wie die meisten Theoretiker seiner Zeit nur einen kleinen Abschnitt der Kompositionslehre, der mit einigen Definitionen und Hinweisen genügend dargestellt ist, sondern er betont ausdrücklich,[1] „es ist ja dieses, nämlich die Taktordnung vollkommen innen zu haben, unter andern ein Hauptteil der Komposition aller musikalischen Kompositionen." Eine ästhetische Begründung für die Notwendigkeit, eine bestimmte Taktordnung zu beobachten, bringt Sulzer:[2] „Ein Ganzes, das aus lauter kleinen, gleich grossen, aber sonst verschiedentlich, gebildeten Gliedern besteht, ist nicht fasslich genug, die Menge der Theile verwirrt. Darum müssen mehrere kleine Glieder in grössere gruppiert, und aus kleineren Gruppen zusammengesetzt werden. Dieses ist für alle Werke des Geschmacks, die aus vielen kleinen Theilen zusammengesetzt sind, eine nothwendige Forderung. In der Melodie also, müssen aus mehreren Takten, grössere Glieder, oder Einschnitte, und aus mehreren Einschnitten, Hauptglieder, oder Perioden gebildet werden."

Man kann in der Untersuchung Riepels bereits die drei Grundtypen der klassischen Periode dargestellt sehen: den engen erweiterten und verkürzten Satz. Alle drei stellen Sätze dar, die einen vollständigen musikalischen Gedanken enthalten und daher ein selbständiges Ganzes bilden. Diese Einteilung der vollständigen Sätze formuliert Koch in folgender Weise:[3] „Ein Satz

---

[1] Riepel: a. a. O. Kap. I S. 3.
[2] Sulzer: a. a. O. I S. 750.
[3] H. Ch. Koch: a. a. O. II S. 348.

enthält entweder 1. nur soviel, als zu seiner Vollständigkeit unumgänglich nöthig ist, wenn er als ein für sich bestehender Theil des Ganzen verständlich oder empfindbar seyn soll, und einen solchen Satz will ich einen engen Satz nennen; oder er enthält 2. zugleich eine Erklärung, eine genauere Bestimmung, der in demselben vorhandene Empfindung, und in diesem Falle ist der Satz ein erweiterter Satz; oder es werden 3. zwey oder mehrere an sich vollständige Sätze dergestalt zusammengeschoben, dass sie in der äusserlichen Gestalt eines einzigen Satzes zum Vorschein kommen, und einen solchen Satz wollen wir einen zusammengeschobenen Satz nennen." Bei beiden Theoretikern können diese Sätze in doppelter Funktion auftreten: als Vordersatz („Absatz"), wenn sie so beschaffen sind, „dass sie in dem Ganzen, mit welchem sie verbunden werden, nothwendig noch einen oder mehrere Theile nach sich erwarten lassen, und also (gewöhnlicher Weise) das Ganze selbst nicht schliessen können":

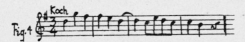

oder als Nachsatz („Schlußsatz"), wenn sie so beschaffen sind, „dass sie nach andern vorhergehenden Theilen das Ganze schliessen":

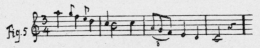

Die „Absätze" und „Schlußsätze" unterscheiden sich in erster Linie in ihren Endungen. Melodisch zeigt sich dieser Unterschied gewöhnlich darin, dass die Melodie beim Absatz nicht im Grundton endigt und die Endnote ein anderes Intervall als die Oktave zum Basston bildet („unendliche" Endung bei Riepel).[1] Harmonisch ist der Schlußsatz durch einen „vollkommenen Schluss" (Kadenz) ausgezeichnet, während der Absatz auch harmonisch „schwebend" (Marpurg) gehalten ist durch einen „unvollständigen Schluss" („halbe Kadenz", Trugschluss).[2] Die Endung des Absatzes kann

---

[1] Sulzer: a. a. O. I S. 308: „Der letzte Ton der Melodie (des Absatzes d. V.) muss nicht die vollkommenste Konsonanz, nämlich die Oktave, sondern die Quinte, oder noch besser die Sexte seyn."

[2] Sulzer: a. a. O. I S. 308: „Der Abschnitt ist ein solcher Theil, der nur durch eine halbe Kadenz fühlbar wird, wobey entweder in der Harmonie, oder in der Melodie etwas seyn muss, das das Stillestehen hindert und das nothwendig noch auf etwas folgendes führet."

sogar dissonierend gestaltet werden, sodass eine sofortige Weiterführung zum nächsten Absatz besonders zwingend erscheint. Marburg [1]) gibt dafür folgendes Beispiel:

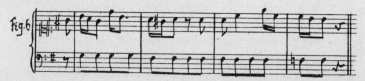

Die Endungen der einzelnen Satzteile haben in ihrer Bildung
möglichst abzuwechseln; auf einen unendlichen Absatz hat ein
endlicher zu folgen, eine männliche Endung auf eine weibliche.
Nach Riemann [2]) soll de Momigny zuerst die Einschnitte, überhaupt Motivschlüsse auf eine leichte Zeit, welche damit an die
vorhergehende schwere angehängt erscheint, weibliche Endung
(cadence féminine) genannt haben. Jedoch finden wir bei Marpurg [3]), Scheibe [4]) und Koch (bei Riepel noch nicht) bereits den
Terminus für Einschnitte, die auf dem schlechten Taktteil endigen.
Gerade die Auffassung der weiblichen Endung als Anhang können
wir deutlich bei Koch [5]) nachweisen: Wird die Verzierung der
Cäsurnote „vermittelst des Nachschlages anderer, in dem dabey
zugrunde liegenden Dreyklang enthaltenen Töne gemacht, so be-
kömmt die Cäsur einen Ueberhang oder einen weiblichen Aus-
gang, welches überdies noch auf vielerley Art mit durchgehenden
und Wechselnoten vermischt werden kan":

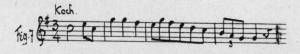

1. Der enge Satz.

Die kleinste Taktgruppe, die nach Riepel die Bedingungen
für einen vollständigen engen Satz erfüllt, ist die von vier Takten,
„der Vierer". „Der Vierer ist an und für sich selbst sehr ver-
mögend das Gehör zu befriedigen". Zugleich bezeichnet Riepel
die gerade Ordnung für den Satzbau als die normale (Kap. I

[1]) Marpurg: Krit. Briefe II S. 33.
[2]) Riemanns Musiklexikon (1929) Art. De Momigny.
[3]) Krit. Briefe S. 33 ff.
[4]) Ueber die musikalische Komposition (1773) S. 248.
[5]) Koch: a. a. O. II S. 393.

S. 29): „Denn 4, 8, 16 und wohl auch 32 Takte sind diejenigen, welche unserer Natur derart eingepflanzet, dass es uns schwer scheinet, eine andere Ordnung (mit Vergnügen) anzuhören." Marpurg, Kirnberger und Koch übernehmen diese Feststellung Riepels in ihr System. So Marpurg [1]): „Der gerade Rhytmus wird allezeit dem ungeraden vorgezogen und ist der Rhytmus quaternarius der vorzüglichste darunter." Nach Kirnberger [2]) sind die besten Melodien allemal die, deren Einschnitte Viertakte haben, und Koch [3]) hält für die brauchbarsten und für unsere Empfindung angenehmsten engen Sätze diejenigen, die in den 4 Takten der einfachen Taktarten ihre Vollständigkeit erreichen, und die man daher Vierer zu nennen pflegt.

Riemann [4]) will hinsichtlich der Viertaktgruppe davon absehen, „für solch zweifellos nicht selten als isoliert dastehende Formglieder nachweisbare Gebilde einen besonderen Namen aufzustellen; dieselben sind eben viertaktige Halbsätze, die wir, wenn sie normal entwickelnd sich aufbauen, mit den Taktzahlen 1 bis 4 versehen können, ohne dass darum notwendig ein Nachsatz (5–8) folgen müsste; es sind dies eben, wo dies nicht geschieht, Entwicklungen, welche nur bis zur Gegenüberstellung von 2 Zweitaktgruppen kommen." Andererseits erscheint es Riemann unnötig, von einer sechzehntaktigen Phrase zu sprechen, da sie doch nur eine Verdoppelung des Achttakters darstelle. Für ihn wird also die achttaktige Periode zum Grundschema.

Riepel und mit ihm Koch unterscheiden hier mit Recht zwischen melodischer (motivischer) und harmonischer Gestaltung. Eine motivische Entwicklung kann durch Gegenüberstellung von 2 Zweitaktgruppen ihren ersten Abschluss erlangen, sodass die weitere Entwicklung des Satzbaues nur ein Vielfaches dieses ersten vollständigen Satzes darstellt. Dagegen ruht vielfach die harmonische Entwicklung erst nach 4 solchen durch harmonisch-melodische Einschnitte gekennzeichneten Taktgruppen, sodass für die Tonordnung die sechzehntaktige Periode zum Grundschema wird, die ja zugleich (wie auch Riemann [5]) zugibt) die kleinste selbständige Form

---

[1]) Marpurg: Handbuch bey dem Generalbasse und der Komposition (1755–58) S. 222.
[2]) Kirnberger: Die Kunst des reinen Satzes S. 143.
[3]) Koch: a. a. O. II S. 393 ff.
[4]) Riemann: System der musikalischen Rhythmik und Metrik (1903) S. 199.
[5]) Riemann: Grosse Kompositionslehre (1902) I S. 61.

darstellen kann. [1]) Da allerdings die achttaktige Gruppierung gewöhnlich die erste grössere harmonische Kadenzierung aufweist,
benützt sie Riepel gelegentlich zur Analyse von Tonstücken (Kap. I
S. 26): „Dieses Tutti oder Anfangsthema bestehet freylich wohl
in 32 Takten, allein ich habe, von einer Reihe Gesanges zur andern, nur immer 8 Takte gezählt. Zudem unterscheiden sich ja
8 von andern 8 Takten ganz vernehmlich, es sey gleich durch
die Absätze oder Kadenz."

Dieser kleinste selbständige Satz, der Vierer, wird nach Riepel
nun durch Gegenüberstellung kleinster Taktgruppen (Einzelmotiven) gewonnen. Diese kleinen Satzteile, deren Ausdehnung nicht
4 Takte erreicht, sind unvollständige Satzglieder, die einer un-
mittelbaren Ergänzung bedürfen und als „Einschnitte" bezeichnet
werden. Koch unterscheidet hier zwischen vollkommenen Einschnitten, welche 2 oder 3 Takte einnehmen, und unvollkommenen
Einschnitten, die nur einen einzigen Takt ausfüllen. Für die Gestaltung des Motivmaterials innerhalb des Vierers ergeben sich
für Riepel bereits verschiedene Möglichkeiten. Die einfachste
Motivaufstellung erfolgt durch den doppelten „Zweier", also
durch Zweitaktmotivik:

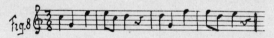

Aufbau: 2 + 2.

Auch für Koch gelten als die gewöhnlichsten Einschnitte der
Vierer diejenigen, „die zwey Takte enthalten und also den Satz
in zwey Glieder von gleichem Umfang theilen." Es kann jedoch
der Zweier selbst ein Motivpaar darstellen, sodass ein Absatz
vier Einschnitte aufweist:

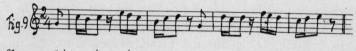

Aufbau: 1 + 1 + 1 + 1.

---

[1]) Koch: a. a. O. III S. 54: „Der kleinste Umfang der vorhin beschriebenen
Tonstücke bestehet gewöhnlich aus sechzehn Takten, oder aus vier Vierern;
wir haben es daher bey unsern ersten Uebungen mit der Verbindung vier
vollständiger melodischen Theile in Rücksicht auf ihre interpunctische
Beschaffenheit, oder wie man sich auch sonst auszudrücken pflegt, in
Rücksicht auf die Tonordnung, zu thun."

Die Verbindung von 2 unvollkommenen Einschnitten (Eintaktern) mit einem vollkommenen Einschnitt (Zweier), die sehr häufig in der Periodenbildung anzutreffen ist, hebt Kirnberger[1]) sehr klar hervor: „Man kann in der Folge von Einschnitten, die 4 Takte haben, auch solche setzen, die zwey von einem Takt und davon einer von zwey Takten für einen einzigen von vier Takten gelten. Dabey ist aber nothwendig, dass die zwey von einem Takt sich ähnlich seyen:

Aufbau: des zweiten Vierers: 1 + 1 + 2.

Hier ist also der erste Rhythmus von 4 Takten, der zweyte ebensolang, aber er besteht aus drey Gliedern, davon zwey einen und das dritte zwey Takte lang sind." Vgl. Mozart: Kl. Son. D-dur (K. V. Nr. 284) 3. Satz Var. 8:

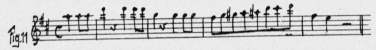

Dieser Motivanordnung entgegengesetzt erscheint der Vierer ohne jede deutliche Cäsur, wie in folgendem Beispiel, wo die beiden Zweier nicht durch Pausen geschieden sind:

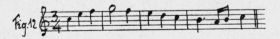

Nach Koch hängt in diesem Falle die Melodie so genau zusammen, „dass man „keine merklichen Ruhepunkte des Geistes entdecken kann, durch welche sich diese vollständigen Sätze in unvollständige Theile zergliedern lassen."

Dass die innere Beziehung von Motivgruppen zueinander für die Zusammenfassung von Takten ausschlaggebend ist und nicht die äusserliche Markierung von Pausen, betont Riepel ausdrücklich; so wird nach ihm obiger Vierer (Fig. 8) „nur in Ansehung der Noten oder Pausen, aber keineswegs seinem innerlichen Wesen nach zertheilet." Dagegen hat in folgendem Beispiel die Zusam-

---

[1]) Kirnberger: Kunst des reinen Satzes (1774–1779) S. 144.

menfassung der Takte in der Weise zu erfolgen, dass die beiden ersten und letzten Takte allein stehen:

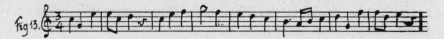

Fig. 13.

Dieses Einschieben eines fremden Absatzes zwischen zwei korrespondierenden Taktgruppen nennt Riepel „Zertheilung", die einen „ausgesuchten Gedanken" darstellt (vgl. Jos. Haydn, Kl. So. cmoll 3. Satz, Thema).

Während Riepel sich begnügt, den Aufbau des Vierers aus der Korrespondenz von 1 bezw. 2 gleich grossen Motivpaaren zu erklären, geben Kirnberger und Koch noch die Möglichkeit zu, dem Einschnitt von einem Taktumfang einen zweiten von drei Takten Umfang gegenüberzustellen. Die Folge 1 + 3 ist nach Koch ungewöhnlich, nach Kirnberger sogar unmöglich; jedoch die umgekehrte Folge 3 + 1 findet sich nach beiden Theoretikern öfters, indem der letzte Takt als Echo aufzufassen ist. (Vgl. Beethoven Kl. So. op. 10 Nr. 1 1. Satz, Thema).

Da die Motivbildung für die mechanische Gliederung des Taktgerüsts das Ausschlaggebende ist, so kann, wie Riepel hervorhebt, durch reiche Kleinmotivik bereits innerhalb von zwei Takten ein vollständiger Absatz sich entwickeln. Es ist also bei der Analyse von Sätzen darauf zu achten, ob die „gemeine Taktart" (ein Motiv in einem Takt) oder die „alla breve Taktart" (mit zwei Motiven in einem Takt) zu Grunde zu legen ist: (Kap. I S. 44) „Allegro, Allegro assai, Presto oder Prestissimo können oft fast durchgehends, oder in der Mitte eines ganzen Stückes, die Art eines alla breve-Tempo annehmen; und wer da kein gutes Einsehen hat, der kann den gemeinen Takt leicht damit verwirren." Koch spricht in diesem Zusammenhang von einfacher und zusammengesetzter Taktart. Nach beiden Theoretikern kann die Cäsur bei der zusammengesetzten Taktart auf die erste und zweite Hälfte des Taktes fallen, da sie „aus zwey Takten einer einfachen besteht, und so nothwendig zwey gute und auch zwey schlechte Takttheile enthalten muss."

Fig. 14.

Wenn „in der Mitte eines ganzen Stückes" die zusammengesetzte
Taktart erscheint, so geschieht es gewöhnlich bei Einführung eines
neuen Themas (Seitenthema). So ist in folgendem Beispiel Kochs
vom 7. bis 13. Takt die Motivik ganztaktig (einfache Taktart), bei
Beginn dagegen halbtaktig zu gliedern.[1]

Vgl. Haydn Klav. So. c-moll 1. Satz).

Wiewohl Riepel im metrischen Bau der Takte die gerade
Ordnung als die gewöhnliche und bevorzugte anerkennt, bleibt
bei ihm dennoch das ungerade Metrum als zweite Grundform
der metrischen Messung bestehen. Er spricht daher nicht bloss
von Zweiern und Vierern als ursprünglichen Taktgruppierungen,
sondern auch von Dreiern und durch Zusammensetzung von gera-
dem und ungeradem Metrum gewonnenen Fünfern und Siebenern.
Die Taktgruppen, die er mit diesen ungeraden Zahlen bezeichnet,
stehen dabei in strengem Gegensatz zu den Taktgruppen, die
durch Erweiterung oder Verkürzung eines Satzes gerader Ordnung entstehen und die gleiche Taktzahl aufweisen. Andererseits
erkennt er, dass die Taktgruppen ungerader Ordnung „ausnehmend" klingen, und daher mit besonderer Vorsicht zu gebrauchen
sind. So kommt er zu der Forderung, dass diese Sätze nur paarweise und in Sätze gerader Ordnung eingebettet auftreten müssen:
(Kap. I S. 30) „Merke, ein Dreyer rührt wegen seiner Ungleich-
heit der Takte unser Gehör ganz unvermuthlich und ausserordentlich . . . . Daher scheinet er durchdringend, ausnehmend, artig und
scherzhaft zu seyn. Er muss aber allezeit von seinem Gespane
begleitet werden." „Zwey Dreyer können am Anfang eines jeden
musikalischen Stückes gesetzt werden, es muss aber unmittelbar
ein Vierer darauf folgen, um derselben unnatürliches Wesen zu

---

[1] Vgl. die Erklärung dieses Beispiels in Riemanns Präludien und Studien II
S. 68, die vollständig irreführend ist, da Riemann den durch Schreibfehler
verdorbenen Text Kochs seiner Untersuchung zugrunde legt.

verdecken, und sie dem Gehöre erträglich zu machen." [1]) Dasselbe verlangt auch Kirnberger: „Er (der Dreyer d. V.) kann . . . . nicht wohl allein stehen, sondern muss paarweise gesetzt werden, und zwar so, dass beide ähnlich sind." [2]) Ebenso Marpurg: „Unter dem ungeraden Rhythmus ist der von dreyen oder ein Dreyer der beste, wenn man nicht durchaus ganze Stücke in dem gedritten Rhythmo setzet, sondern nur hin und wieder denselben anbringet: so muss derselbe durch die Wiederholung oder Nachahmung, in einen geraden Rhythmus, nemlich in einen Sechser verwandelt und hernach alles durch einen nachfolgenden Vierer wieder verbessert werden." [3])

Die Entstehung ungerader Taktgruppen durch die Zusammenfügung gerader und ungerader Metren zeigt Riepel deutlich am „Siebener", dessen Zusammensetzung 3 + 4 die Klammern angeben:

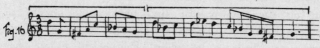

Vgl. Beethoven op. 106 (Scherzothema).

Aufbau: 3 + 4.

Die Aufeinanderfolge ungerader und gerader Teilgruppen ist als die natürlichste und am leichtesten zu verstehende Zusammensetzung anzusehen. Nach Koch ist es Ansicht vieler Theoretiker, dass durch die Anfügung eines Zweiers die ungerade Ordnung aufgehoben wird. Ebenso halten M. Hauptmann [4]) und Wiehmayer [5]) diese Anordnung für die gewöhnliche. Riepel lässt beide Arten zu. Folgendes Beispiel, der Anfang des Scherzos aus Schuberts op. 12, zeigt zwei fünftaktige Absätze, die beide Folgen nebeneinander bringen.

---

[1]) Vgl. Mozart: Anfang des Menuetts der g-moll Sinfonie.
[2]) Kirnberger: a. a. O. S. 144.
[3]) Marpurg: Handbuch bey dem Generalbass und der Komposition S. 322.
[4]) M. Hauptmann: Die Natur der Harmonik und der Metrik (1873) S. 46.
[5]) Wiehmayer: Musikalische Rhythmik und Metrik (1917).

Aufbau: 2 + 3, 3 + 2.

Das analoge Beispiel Riepels für den ersten Fünftakter:

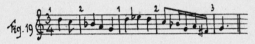

Riemann stellt die achttaktige Periode als normatives Grundschema auf, sodass nach ihm jede Bildung ungerader Ordnung als ein durch Elision, Verschränkung oder Erweiterung verändertes Satzgebilde aufzufassen ist. So führt er auch jede Dreitaktbildung auf einen durch Elision verkürzten Vierer zurück. Riemann glaubt, Koch habe bereits in seiner Theorie nur die gerade Ordnung als Grundform gelten lassen:[1] „Das wichtigste Ergebnis von Kochs Darstellung des Periodenbaus ist die Zurückführung aller Dreitaktigkeiten und anderer seltenen Bildungen auf die Vier- bezw. Achttaktigkeit, sei es durch Einschaltungen und Dehnungen oder durch Elisionen und Verschränkungen, sodass ein eigentlicher Dreitaktrhythmus als überhaupt nicht existierend erscheint." Koch kennt jedoch keinen Dreier, dem ein verkürzter Vierer zugrunde liegt. Für ihn erhält der Dreier die Funktion eines Einschnitts, d. h. also eines unvollständigen, der Ergänzung bedürftigen Satzgliedes, das dem Zwei- und Eintakter gleichzusetzen ist. Der Dreier stellt bei Koch entweder die Erweiterung eines Zweiers:

oder wie der Zweier ein ursprünglich erfundenes Satzglied dar. Je nach Art des ihn ergänzenden zweiten Gliedes (Zweier oder Dreier) entsteht ein Fünfer oder Sechser. So kann der Fünfer nach Koch nicht bloss durch Erweiterung zustande kommen, sondern[2] „auch entstehen aus der Verbindung zweyer ungleicher Glieder, deren jedes an sich unvollständig ist, und bey welchen sich keine Ausdehnung entdecken lässt; in diesem Falle enthält

---

[1] Riemann: Präludien und Studien II S. 69 Anm.
[2] Koch: a. a. O. II S. 376.

28

das erste Glied des Satzes, oder der Einschnitt einen grösseren
Umfang als das zweyte Glied:

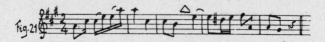

Mit Recht schreibt Karl Blessinger [1]): Es wäre verfehlt „alle
drei- und sechstaktigen Gebilde aus der regulären Vier- und Achttaktigkeit erklären zu wollen; im Gegenteil, es werden uns sogar
Fälle begegnen, in denen scheinbar normale Satzbildungen auf
Drei- bezw. Sechstakter zurückzuführen sind." Blessinger versucht
besonders an Volksliedern Fälle nachzuweisen, „deren scheinbare
Unregelmässigkeit doch so charakteristisch ist, dass sie von eigen-
kräftiger Bedeutung zu sein scheint." Bei Liedern jedoch, wo das
Versmass so ausschlaggebend das musikalische Metrum beeinflusst,
kann die musikalische Gestaltung in der ungeraden Ordnung nur
Ergebnis der Versbildung sein, sodass die Melodie, losgelöst vom
Text, dennoch die Grundform der geraden Ordnung aufweist.
So bildet das Liedchen: „Tanz' mir nicht mit meiner Jungfer
Käthen" für Blessinger einen ursprünglicher Dreitakter, während
Leichtentritt [2]) die dreitaktige melodische Phrase

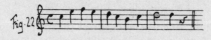

für eine Abkürzung des Viertakters

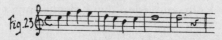

hält. Dagegen sind der Ritmo di tre battute im Scherzo der
IX. Sinfonie von Beethoven und der Anfang des Menuetts der
g moll Sinfonie von Mozart unbedingt als ursprüngliche Dreitakter
anzusehen, und die Erklärung Riemanns, wonach das Mozart-
Menuett einen durch Elision verkürzten Viertakter darstelle, ab-
zuweisen. Auch Wiehmayer geht auf Riepel zurück, wenn er mit
Westphal [3]), Lussy [4]) und Tiersch [5]) das gerade (zweizeitige) und

[1]) Karl Blessinger: Grundzüge der musikalischen Formenlehre (1926) S. 47
[2]) Leichtentritt: Formenlehre (1920) S. 24.
[3]) Westphal: Elemente des musikalischen Rhythmus (1872) S. 131 f.
[4]) Lussy: Die Kunst des musikalischen Vortrags (1886) S. 20.
[5]) Tiersch: Rhythmik, Dynamik und Phrasierungslehre (1886) S. 34 f.

das ungerade (dreizeitige) Metrum als Grundformen der metrischen Messung bezeichnet und von unregelmässigen (fünf- oder
siebenfüssigen) Bildungen spricht, [1] „die keinerlei Merkmale der
Verlängerung oder Verkürzung aufweisen, die also von Haus aus
als unregelmässige Metren erfunden sind." Während Riemann
obiges Beispiel von Beethoven (Fig. 17) durch Verschränkung
zweier Takte – ähnlich wie Prout [2]) durch Elision des vorletzten
Taktes – entstanden wissen will, „indem die beiden letzten
Gruppen durch 6 = 7 verschränkt sind, also das gerade Gegenteil
der Stillstände auf der Penultima eine Ueberstürzung des Schlusses
herbeigeführt ist", [3]) erklärt Wiehmayer die Phrase im Sinne Riepels durch Verbindung eines Dreitakters mit einem Viertakter: [4])
„Das siebenfüssige Phrasenpaar zeigt die Zusammensetzung 3 + 4.
Die Art der Verbindung lässt sich hier aus dem Verlauf der melodischen Linie nachweisen, die sich bis zum dritten Takt in Terzen-
intervallen senkt, und von da ab bis zum Schluss in Sekund-
schritten aufsteigt."

Ergebnis: Neben den ersten Versuchen vom Motiv aus, die
Satzgestaltung zu erfassen, ist also das Festhalten Riepels (und
mit ihm der anderen Theoretiker des ausgehenden 18. Jahrhunderts) des geraden und ungeraden Metrums als Grundformen der
Taktmessung am meisten zu betonen.

2. Der erweiterte Satz.

Riemann bezeichnete in einer eigenen Studie [5]) Heinrich Christ.
Koch als ersten Theoretiker, der den unregelmässigen Periodenbau
untersuchte. Riepel bringt jedoch bereits dreissig Jahre früher die
wesentlichsten Punkte der Kochschen Theorie. Riepels Arbeit verdient dabei um so mehr Anerkennung, als er nicht wie Koch seine
Kenntnisse bereits aus den Werken der Wiener Klassik, die die
Vollendung der Satzgestaltung des neuen Stils zeigen, schöpfen
konnte. – Wenn Riepel von den Wiederholungen sagt, (Kap. I
S. 27) „sie verhindern die gute Ordnung keineswegs, sondern be-
fördern sie vielmehr", und von Bewegungen spricht, „die gleich-

---

[1]) Wiekmayer: a. a. O. S. 121.
[2]) Prout: Formenlehre (1893) S. 121.
[3]) Riemann: System der musikalischen Rhythmik und Metrik S. 270.
[4]) Wiehmayer: a. a. O. S. 97.
[5]) Riemann: Präludien und Studien II.

sam wider die Ordnung lauten", jedoch nur geschehen, „um den Gesang zuweilen fliessender zu machen", so will er auf die Bedeutung abwechselungsreicher Satzgestaltung hinweisen, ähnlich wie Anton Reicha[1]) durch die unregelmässigen Perioden die „Gleichförmigkeit und Monotonie der musikalischen Formen" vermieden wissen will.

Die wesentliche (von Riemann bei Koch besonders hervorgehobene) Erkenntnis, dass der erweiterte oder verkürzte Satz innerhalb des Satzgefüges nur die Funktion des ihm zugrunde liegenden normalen Satzes erhält, finden wir bereits bei Riepel, wenn er schreibt (II. Kap. S. 54): „Ohne einzige Widerrede darf eine zweyfache Wiederholung erfolgen, denn das Gehör nimmt solche 12 Takte doch nur immer für einen nachdrücklichen Achter." Schulz[2]) betont diese Auffassung bei instrumentalen Wiederholungen:

„Hier ist ein Satz von 4 Takten, der aber in der Mitte einen merklichen Einschnitt hat, indem die singende Stimme pausiert, da inzwischen die Violine den vorhergehenden Takt wiederholt.... Der Satz bleibt darum doch nur von 4 Takten." Ebenso wird nach Koch[3]) ein Vierer, „der durch die Wiederholung zweyer Takte zu 6 Takten erweitert worden ist, bey der rhythmischen Vergleichung der Sätze jederzeit als Vierer betrachtet."

Für die Satzerweiterung finden bei Riepel drei Arten ihre Darstellung: a) Wiederholung und Ausdehnung, b) Kadenzverdoppelung, c) Einschiebsel. Diese decken sich mit denen, die Koch für die Erweiterung angibt: a) Wiederholung, b) Anhänge, c) Parenthese.

a) **Wiederholung und Ausdehnung.**

Riepel unterscheidet bei der Wiederholung richtig zwischen Wiederholung von Absätzen und Wiederholung von Einschnitten. Werden selbständige Sätze, „Absätze" (vier oder acht Takte), notengetreu oder variiert wiederholt, so bleibt die Ausdehnung der einzelnen Absätze selbst unverändert.

---

[1]) Traité de Mélodie, abstraction faite de ses rapports avec l'harmonie 1814.
[2]) Sulzer: a. a. O. S. 95.
[3]) Koch: a. a. O. II S. 429.

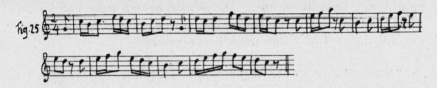

(Vgl. Beethoven op. 49 Nr. 2 Thema des 2. Satzes).

Diese Art der „Verlängerung eines Gesanges" durch die Absätze bringt eine Erweiterung der Periode selbst nicht, und mit Recht schreibt daher Koch:[1] „Dass in den Perioden oft ganze vollständige Sätze theils in einer und derselben Tonart, theils aber auch in einer anderen Tonart wiederholt werden, gehört nicht in diesen Abschnitt, in welchem wir bloss die Beschaffenheit der melodischen Theile wollen kennen lernen."

Die Wiederholung innerhalb der Periode selbst erhält bei Riepel nur die Funktion der Echowirkung. Diese betont er ausdrücklich (I. Kap. S. 29): „Wenn man zu dem nämlichen Zweyer piano setzet, so könnte er einen ordentlichen Widerhall vorstellen." Einschränkungen im Gebrauch der Wiederholungen gibt es nicht, „sie kann bald im Anfang, bald in der Mitte oder am Ende erfolgen." Da jeder erweiterte Absatz nur die Stelle eines normalen Absatzes vertritt, so lehrt Riepel mit Recht, dass eine gleichtaktige Gestaltung des Vorder- und Nachsatzes nicht notwendig ist, sondern die Veränderungen in jedem Satze frei angewendet werden kann. Vorder- und Nachsatz von ungleicher Länge fallen „manchmal so fliessend, wo vielleicht nicht fliessender, in die Ohren, als wenn sie beyde gleich lang wären."

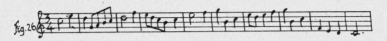

Koch bestimmt ebenso:[2] „Ein vollkommener Einschnitt kann jederzeit, ohne Rücksicht auf die Einschnitte der übrigen melodischen Theile der Perioden, sowohl mit, als auch ohne Variation wiederholt werden, d. h., die Wiederholung eines solchen vollkommenen Einschnittes kann geschehen, ohne dass dadurch in einem anderen Satz der Perioden ebenfalls eine Wiederholung

[1] Koch: a. a. O. II S. 424.
[2] Koch: a. a. O. III S. 275.

nothwendig gemacht würde." Die Wiederholung kann sich nach Riepel sowohl auf einen ganz vollkommenen Einschnitt, als auch nur auf die zweite Hälfte desselben erstrecken.

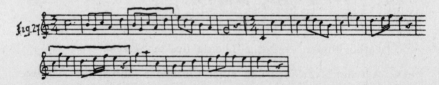

Koch fordert für die unvollkommenen Einschnitte paarweise Wiederholung. Während der Einzeltakt eines vollkommenen Einschnittes (Zweitakter) „ohne alle Bedingungen wiederholt werden kann,

muss aber, wenn der Satz unvollkommene Einschnitte enthält, und der erste derselben wiederholt wird, als denn auch der zweyte wiederholt werden, denn diese kleinsten Glieder des Satzes stehen gern in einem gleichen Verhältnis miteinander. Wenn man z. B. im Satz Fig. 29 a, in welchem in der ersten Hälfte zwey unvollkommene Einschnitte vorhanden sind, den ersten derselben wiederholt, den zweyten aber ohne Wiederholung vorträgt, wie bey Fig. 29 b, so fühlt man die unangenehme Würkung der ungleichen Behandlung dieser kleinen Glieder sehr auffallend; daher muss, wenn unser Gefühl nicht beleidigt werden soll, nothwendig das zweyte Glied ebenfalls wiederholt werden, wie z. B. bey Fig. 29 c." [1]

Schon Riemann [2] wies darauf hin, dass auch bei Fig. 29 unvollkommene Einschnitte zu erkennen sind, und die Unterscheidung Kochs dadurch hinfällig wird; ausschlaggebend für diese Gestaltung der Wiederholung, wie sie Koch zeigt, ist jedoch nicht so

---

[1] Koch: a. a. O. III S. 169.
[2] Riemann: Präludien und Studien II S. 65 ff.

sehr die Motivgrenze als der Motivzusammenhang. Bei Fig. 29 fordert diese sequenzartige Motivbildung eine symmetrisch gestaltete Wiederholung, während in Fig. 28 die Gegensätzlichkeit in der Motivik die Wiederholung nur e i n e s Taktes gestattet.

Eine der Wiederholung verwandte Art der „Verlängerung des Gesanges" ist für Riepel die Ausdehnung. Riepel zeigt, dass man aus 2 oder 4 Takten beliebig grössere Satzgruppen gewinnen kann, wenn man versucht, über die gleichbleibende Harmonie die melodische Linie weiterzuspinnen. Auf diese Weise erweitert er folgende 4 Takte zu 14 Takten:

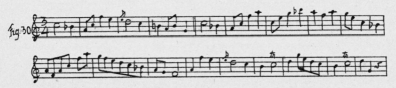

Der erste Zweier erhält eine Ausdehnung auf 8 Takte, der zweite auf 6. Tritt zur harmonischen Wiederholung auch die melodische innerhalb der Ausdehnung, so erfolgt die Erweiterung eines ursprünglichen Zwei- oder Viertakters durch beide Arten (Wiederholung und Ausdehnung) zu gleicher Zeit.

Praktisch bedeutsam wird diese auf einem harmonischen Ostinato sich aufbauende Wiederholung in erster Linie bei der Verdoppelung der Kadenzen (Anhänge).

Riepel kennt nur die notengetreue oder variierte Wiederholung auf gleicher Tonhöhe. Die Wiederholung eines Einschnittes auf anderen Tonstufen als Sequenz behandelt er wohl in der Tonordnung als eine bestimmte Harmoniefolge (Quintsequenz), als Erweiterungsmittel lässt er sie jedoch ausser Acht. Koch dagegen stellt der Wiederholung auf gleichen Tonstufen die Sequenzwiederholung ausdrücklich gegenüber. Die sequenzartige Erweiterung der Periode kann nach Koch entweder „nur einmal

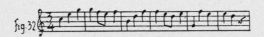

oder mehrmals auf anderen Stufen der Tonleiter erfolgen. Im letzteren Falle wird sie Progression genannt.

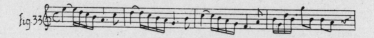

Erfolgt nun die sequenzartige Wiederholung modulatorisch, so stellt sie eine Transposition dar, die in stufenmässiger Folge als Rosalie „gleichsam zum Ekel geworden ist" und notwendig in „einer neuen Einkleidung" erscheinen muss.

b) **Verdoppelung der Kadenzen.**

Als zweites Verlängerungsmittel gibt Riepel die Verdoppelung der Kadenzen an. Er erkennt ganz deutlich den eigentlichen Zweck dieser Satzerweiterung, wenn er ihr die Aufgabe zuspricht, die Schlusswirkung zu verstärken. Er betont daher auch, dass die Kadenz des zweiten Halbsatzes der Periode öfters verdoppelt wird, als die Kadenz des ersten Halbsatzes; denn es „scheint ganz natürlich zu seyn, dass der stärkste Nachdruck auf die Letzte hin verspart wird." Die einfachste Verbreiterung des Schlusses erfolgt in der notengetreuen oder variierten Wiederholung der Kadenzformel. Die Endungen der beiden Kadenzen sind verschieden zu formen (z. B. Terz- oder Quintlage bei der ersten Kadenz, Oktavlage bei der zweiten).

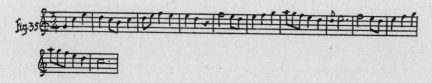

Vgl. Mozart: A-dur Sonate, Thema des 1. Satzes (Schlusstakte).

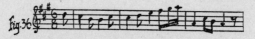

Auch harmonisch soll eine Gegensätzlichkeit der Kadenzendungen erreicht werden durch Trugschlussbildungen, wie in folgendem Beispiel, wo eine Ausweichung in die sechste Stufe erfolgt

Vgl. Beethoven op. 7, 3. Satz, 9. Takt und folg.

Die Verbindung beider Schlüsse wird noch „betriglicher" gestaltet, wenn Terz und Grundton bei der ersten Kadenz wegbleibt, also der Schlusstakt der ersten Kadenz elidiert wird.

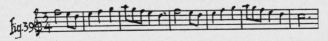

Diese Art der Kadenzverdoppelung schliesst die häufige Art der Dehnung der Kadenz durch Stillstand auf der Penultima ein. Vgl. Beethoven op. 13 1. Satz, 1. Thema.

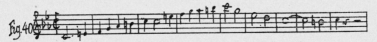

Anstelle dieser Elision kann auch die Einteilung des letzten Taktes der ersten Kadenz erfolgen, sodass das Ende dieser Kadenz mit dem Anfang des zweiten zusammenfällt.

(Vgl. Jos. Haydn Kl. So. in G-dur 2. Satz, 5. Takt u. folg.

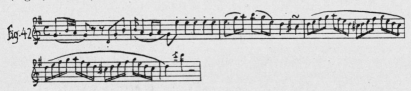

Während Riepel die Erweiterung der Periode am Schlusse nur durch die Kadenzverdoppelung kennt, betont Koch, dass auch freie Bildungen an die Periode sich anschliessen können. So spricht er

auch nicht von dem engeren Begriff der Kadenzwiederholung,
sondern von dem der Anhänge: „Soll der Inhalt eines Satzes,
der mit einem Absatze sich endigt, vermittelst des Anhanges gleichsam nur mehr bekräftiget werden, so pflegt dieser Anhang weiter
nichts als eine Wiederholung des zweyten Gliedes zu seyn, die
entweder ohne Veränderung der melodischen Nebennoten (a) oder
mit Veränderung derselben vorgetragen wird (b).

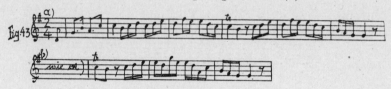

Soll hingegen der Inhalt des Satzes durch Anhänge genauer bestimmt werden, so bestehet als denn dieser Anhang aus einem
an sich vollständigen Gliede, welches nicht in dem Satz enthalten
ist, oder es werden wohl gar zwey solche erklärende Glieder
angehängt." [1]

Diese Anhänge werden im Epilog des Sonatensatzes von grösster
Wichtigkeit, indem sie hier die durch den Seitensatz gewonnene
Dominantharmonie als mehr oder weniger geschlossene Melodie-
gruppen bekräftigen. Vielfach reihen sich diese Anhänge an eine
selbständige Periode an, indem sie diese wiederholen, oder kurze
neue Motivgruppen bringen, um eine Steigerung oder ein Ausklingen des ersten Sonatenteils zu erreichen (vgl. Beethoven op. 7;
op. 10 Nr. 3). Koch erwähnt auch richtig, dass, während eines
solchen Anhangs die Harmonie weiterschreiten kann und die Kadenz am Schlusse des Anhangs daher auf einem „andern Dreyklang der Tonart, in welcher sich die Modulation aufhält, oder in
welche sie hingeleitet wird, kann geendigt werden."

Diese Fortschreitung der Modulation in den Anhängen erfolgt vor
allem dann, wenn diese Anhänge einen Uebergang zwischen zwei
Themengruppen mit verschiedener harmonischer Grundlage dar-

---

[1] Koch: a. a. O. III S. 191.

stellen (vgl. Beethoven op. 13, 3 Satz, Takt 48 u. folg.) Auch für Koch kommt der Anhang „bey der Verbindung mehrerer vollständigen Gedanken zu einem Perioden nicht in Betracht, sondern der dadurch erweiterte Satz behält bey der rhythmischen Vergleichung der Sätze eben die Beschaffenheit, die er ohne einen solchen Anhang gehabt haben würde." [1]) Gerade Riepels Anschauung aber, dass die an die Kadenz angehängten Melodieteile nur eine Verstärkung oder Verbreiterung der Schlusswirkung darstellen, kommt der Riemanns von den Anhängen nahe, für den auch die Anhänge „nicht positiv fortschreitende, entwickelnde Gebilde sind, sondern vielmehr ein Stillstehen, Ausbreiten auf der Stelle bedeuten." [2])

c) **Einschiebsel.**

Als letzte Erweiterungsart gibt Riepel das Einschiebsel an. Wie bei der Wiederholung kann eine Einschaltung sowohl von Absätzen als auch von Einschnitten erfolgen. So sind zwölftaktige Sätze häufig nur durch einen Absatz erweiterte Achttakter, zwischen deren Halbsätzen der Vierer eingeschaltet ist:

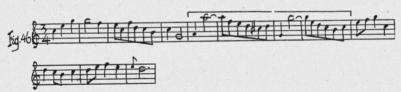

Mit Recht weist Koch darauf hin, dass man sich dieser Parenthese am häufigsten bei der Wiederholung vollständiger Sätze bedient, woraus sich die dreiteilige Liedform A B A ergibt. (Vgl. Jos. Haydn Kl. So. in F-dur 3. Satz, Minore). Die Einschaltung eines Einschnittes kann ein- oder zweitaktig sein. Riepel zeigt nur die Einschaltung eines Taktes als Anhang zu einem Vierer

Vgl. Haydn G-dur Quartett, op. 54, Nr. 1, 2. Satz, Thema:

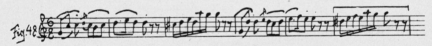

---

[1]) Koch: a. a. O. III S. 240
[2]) Riemann: System der Rhythmik und Metrik S. 246

Nach Koch haben Parenthese und Satzglieder, zwischen denen
sie steht, sich der Ausdehnung nach zu entsprechen. So ist in
Fig. 49 nach einem unvollkommenen Einschnitt ein Takt eingeschaltet, nach einem vollkommenen Einschnitte dagegen zwei.

Diese Einschaltung von Einschnitten erweist sich häufig als eine
mehr oder minder freie Motivwiederholung (vgl. Beethoven op. 10
Nr. 3, 2. Satz, Thema.)

Vgl. Haydn Klaviersonate G-dur 4. Satz, Thema:

Vgl. Haydn Kaiser-Quartett op. 76, Nr. 3, Menuett:

Eine Dehnungsart, die besonders am Anfang einer Periode wirksam wird, die Dehnung von einzelnen Tönen, die einen besonderen Nachdruck erhalten sollen, bringt Riepel noch nicht zur
Darstellung. Riepel rechnet nämlich Satzbildungen, die aus dieser
Dehnung einzelner Töne entstehen, noch zu den Sätzen, die als
ursprünglich erfundene zu gelten haben. So erhält folgender Absatz für Riepel die Bedeutung eines wirklichen Fünfers, während
er doch nur als ein durch Dehnung der Anfangsnoten entstan-
dener Vierer zu gelten hat.

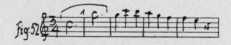

Vgl. Mozart Klavier-Sonate c-dur 3. Satz (K. Nr. 279)

Kirnberger dagegen erkennt bereits richtig diese Art von Dehnung: [1] „Es verdienet hier als etwas sonderbares angemerket zu werden, dass es Fälle gibt, wo ein Einschnitt von vier Takten durch Verlängerung gewisser Haupttöne, auf denen ein besonderer Nachdruck soll gelegt werden, in Rhythmen von 5 Takten verwandelt werden kann. Das Gehör wird dadurch nicht nur nicht beleidiget, sondern das Uebermass eines solchen Einschnittes ist oft von grosser Würkung. So kann dieser Einschnitt von 4 Takten

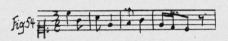

in folgende 5 Takte verwandelt werden, die nur für 4 Takte gelten

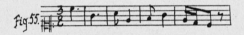

Auch in folgendem Beispiel stehen „die zwey ersten Takte des Einschnittes für einen einzigen":

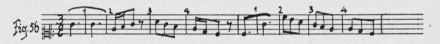

Ebenso erklärt Koch [2] einen solchen Fünfer entstanden „aus einem Vierer vermittelst der Ausdehnung zweyer Takttheile zu zwey Takten. Wenn z. B. die Takttheile des ersten Taktes in Fig. 57a zu ganzen Takten ausgedehnt und dadurch nachdrücklicher gemacht werden, so entstehen daraus die bey Fig. 57b befindlichen Fünfer.

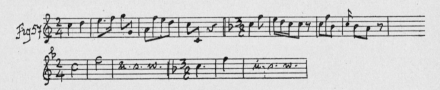

3. Der verkürzte Satz.

Riepel bringt bereits die beiden Arten der Verkürzung der Sätze zur Darstellung: die Verschränkung und Elision.

---

[1] Kirnberger: a. a. O. S. 145.
[2] Koch: a. a. O. II § 89.

a) Verschränkung (Takterstickung).

Riemann [1]) sowohl wie Bücken [2]) weisen nur auf Koch als den Theoretiker hin, der die Takterstickung erwähnt. Wir finden aber bereits bei früheren Theoretikern den Ausdruck Takterstickung. So schreibt Marpurg: [3]) „Wenn man die Anzahl der Takte einer gewissen Section oder Clausel in einem Stücke durchzählet: So findet es sich öfters, dass, in Ansehung der verlangten rhytmischen Ordnung, kein Takt zu wenig oder zu viel darinnen zu seyn scheinet; und dennoch hat es im Grunde seine Richtigkeit damit, und findet sich zwischen den Sektionen alle nur mögliche rhytmische Aehnlichkeit. Dieser Elemente Defect oder Excess aber kömmt daher, weil in dem Stücke auf der Cäsur einer gewissen Section ein neuer Rhytmus wieder angehoben worden, wodurch es alsdenn geschicht, dass derjenige Takt, wobey dieser Umstand stattfindet, zweymal gezählet werden muss, nemlich einmahl als der lezte Takt der vorhergehenden Section, und einmahl als der erste der folgenden. Es wird dieses Verfahren eine Takterstickung (Supressio mensure) genennet, und ist solches in Konzerten und Trios, besonders aber in ordentlichen Fugen und Kirchenchören sehr gebräuchlich und nothwendig." Kirnberger [4]) kennt zwar den Terminus nicht, gibt aber bereits eine richtige Erklärung von der Verschränkung: „Um das Ritornell mit dem folgenden genauer zu verbinden, könnte die Solo- oder Singstimme gleich mit dem Schluss des Ritornells anfangen; dadurch würde die genaueste Verbindung der Haupttheile des Stücks erhalten."

Riepel nun darf wohl auch hier als der erste Theoretiker gelten, der diese Materie untersuchte. Die Takterstickung oder Takteinteilung erfolgt nach Riepel am Schlusse eines Absatzes „bey den Kadenzen, oder vielmehr, nachdem die Kadenz schon geschlossen ist worden." Dadurch soll eine enge Verbindung der einzelnen Sätze miteinander erreicht werden. Während Reicha und Riemann die Verschränkung aus der polyphonen Schreibweise, aus dem Zusammenstossen zweier verschiedener Stimmen erklären, weist Riepel wie Kirnberger die Satzverklammerung an der Verbindung der Tutti und Solosätze des Konzerts bezw. der Arie

---

[1]) Riemann: System der Rhythmik und Metrik S. 272.
[2]) Bücken: Reicha als Theoretiker (Z. f. M. W. 2 S. 161).
[3]) Marpurg: Handbuch bey dem Generalbasse und der Komposition S. 232.
[4]) Kirnberger: a. a. O. S. 139.

nach. So verwirft Riepel die in folgendem Beispiel gegebene Cäsur zwischen Solo und Tutti, wo das Forte um einen Takt später anfängt, „um der Singstimme die Ordnung nicht zu verstümmeln."

Riepel korrigiert nun das Beispiel in folgender Weise:

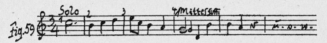

Diese Takteinteilung erfolgt jedoch nicht bloss beim Zusammenstossen verschiedener Stimmen, sie kann auch innerhalb der melodischen Linie einer Stimme wirksam werden

Hier wird die Verschränkung der beiden Sätze dadurch erreicht, dass der letzte Takt des ersten Satzes elidiert wird (Kap. I S. 52): „Ich sehe von weitem, dass die Endnote bei dem N. B. ersticket und anstatt dessen der Anfang in G ist wiederholet worden." Für Riepel entsteht also die Verbindung zweier Sätze in der Weise, dass der Anfang des zweiten Satzes an die Stelle des Schlusstaktes des ersten Satzes tritt. Bei Koch wird die doppelte Funktion des Verbindungstaktes der beiden Sätze als Schluss- und Anfangstakt bereits deutlich:[1] „Wenn z. B. in den beyden vollständigen Sätzen bey Fig. 61 a der vierte Takt des ersten Satzes ausgelassen wird, wie z. B. bey Fig. 61 b, so muss alsdenn der Anfangston des zweyten Satzes, zugleich die Stelle des ausgelassenen Cäsurtones des ersten Satzes vertreten, und der Takt, welcher nun sowohl die Cäsur des ersten Satzes, als auch zugleich den Anfang des folgenden Satzes, enthält, muss bey der rhythmischen Vergleichung der melodischen Theile auf doppelte Art in Anschlag gebracht werden, nemlich einmal als der Takt, mit welchem sich der erste Satz endigt, und das zweyte Mal als der erste Takt, mit welchem der zweyte Satz anfängt."

---

[1] Koch: a. a. O. II S. 434. Vgl. auch obiges Zitat von Marpurg.

Vgl. Beethoven op. 14 Nr. 2 1. Satz, Takt 30 und folg.:

Vgl. Mozart C-dur Sonate (K 279) 3. Satz:

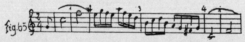

Wie schon Riemann hervorhob,[1]) ist die Takterstickung besonders häufig am Ende der Durchführung von Sätzen in Sonatenform beim Wiedereintritt des ersten Themas, das durch seine gewöhnlich scharfe Profilierung das Umdeuten des Schlusstaktes in den Anfangstakt erleichtert. Denselben Hinweis finden wir bereits bei Riepel, wenn er schreibt (Kap. I S. 52), die Takterstickung könne erfolgen, „so oft es beliebt; wofern nur bey den vorhergehenden Takten und Noten weiter keine Unordnung entsteht, so ist der Zuhörer schon zufrieden, wenn er den Anfang der Sinfonie wiedermal höret" Der Einsatz des Themas lässt also die „metrische Unordnung" vergessen.

b) Elision.

Die Elision[2]) von Taktgruppen, die eine Verkürzung der Periode zur Folge hat, entsteht bei Riepel vor allem dadurch, dass anstelle des zweiten Gliedes eines Absatzes ein neuer vollständiger Absatz tritt (Kap. I S. 28): „Jedoch wird oft einem Gesang ein Zweyer von dem Vierer abgeschnitten, eingetheilet und gleichsam verschlungen, dessen zurückbleibender Zweyer oder gewesener Kamerad gewisslich für keinen Vierer gezählet werden kann, welches ich dir weiterhin im Exempel zeigen will."

Vgl. Beethoven II. Sinfonie 4. Satz:

---

[1]) Riemann: a. a. O. S. 273.
[2]) Die Elision wird von Koch in seiner sonst so ausführlichen Darstellung nicht erwähnt.

Wenn Riepel weiterhin angibt, dass der Zweier durch den nachfolgenden Vierer gleichsam verbessert wird, so nimmt er damit
eigentlich bereits die Riemannsche Feststellung vorweg, dass hier
der nachfolgende Zweier die Beantwortung auf das erste Glied
und eine nochmalige Aufstellung eines ersten Gliedes darstellt,
und so eine Verschränkung 1–2, 3–4 erfolgt. – In der praktischen
1–2, 3–4
Musik wird oft auch ein Vierer in der Weise elidiert, dass mit dem
2. Vierer eine neue achttaktige Periode beginnt. In diesem Falle
haben 12 Takte als Verkürzung von 16 Takten zu gelten, bzw. bei
Wiederholung der achttaktigen Periode 20 Takte als Verkürzung
von 24 Takten. (Vgl. M. Clementi: op. 12, Nr. 2, 1. Satz, Thema.) –
Eine Elision findet nach Riepel auch häufig statt, wenn die melodische
Bewegung wechselt. Er unterscheidet dabei 4 Arten der Bewegung

Tritt nun eine dieser Arten in der Melodiebildung neu auf, so
kann sie die abzulösende um einen Einschnitt verkürzen, „denn
vermöge der neuen Veränderung vergisst der Zuhörer aller vorhergehenden Takte und Noten, sammt ihrer wenigen Unordnung."
Ohne Elision des Zweiers:

Mit Elision des Zweiers:

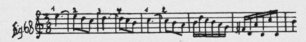

Ergebnis: Riepel hat als erster Theoretiker zu gelten, der
eine systematische Untersuchung der periodisierten Melodie an-
stellt. Er begnügt sich dabei nicht mit der blossen Uebertragung
von Ausdrücken grammatikalischer Art auf die Melodiebildung,
sondern er versucht die in der Motivbildung selbst liegende Formung zu erfassen. So wird für ihn nicht eine bestimmte Taktzahl
normativ, sondern es können je nach der motivischen Gestaltung

Taktgruppen verschiedener Grösse Melodieeinschnitte bilden. Die Gruppierung nach der geraden Ordnung gilt dabei als die normale und häufigste. Der kleinste für sich selbständige Satz stellt daher die Viertaktgruppe dar. Jedoch sind Melodiebildungen ungerader Ordnung nicht immer als verkürzte oder erweiterte Sätze gerader Ordnung, sondern vielfach als primär erfundene anzusehen. Der Aufbau der Periode ergibt sich aus der Gegenüberstellung von Teilgruppen, sodass die Einschnitte als die kleinsten Melodieteile mit einem, zwei oder drei Takten Umfang immer paarweise aufzutreten haben, um einen vollständigen Satz zu bilden. Erscheint eine Periode erweitert oder verkürzt im Gesamtaufbau eines Musikstücks, so hat sie nur als Periode von normaler Ausdehnung zu gelten. Die Erweiterung der Periode kann durch Wiederholung von Absätzen oder Einschnitten, durch Verbreiterung des Schlusses (Verdoppelung der Kadenz oder Stillstand auf der Penultima) und durch Einschiebsel motivverwandter oder fremder Einschnitte erfolgen. Die Verkürzung des Satzes beruht auf der Takterstickung und der Elision, wodurch ein bezw. zwei Takte einer Periode durch die Anfangsglieder der folgenden ersetzt werden.

B. Die Tonordnung.

Bringt Riepel in der Taktordnung die Untersuchung der Periode „ihrem Umfange" nach, so versucht er, in der Tonordnung die harmonische Grundlage derselben aufzudecken. Die Darstellung der harmonischen Struktur der Periode führt er dann weiter zur Untersuchung der modulatorischen Anlage des ganzen Sinfonie- und Konzertsatzes. Haben Theoretiker wie Marpurg, Kirnberger, Schulz Riepels Untersuchungen der Taktordnung zum Teil in ihren einschlägigen Kapiteln verwertet, so liessen sie dagegen die Tonordnung Riepels völlig unbeachtet. Erst Koch nahm in dem Abschnitt „Von der Einrichtung kleiner Tonstücke" seiner Anleitung, die Untersuchung der Harmoniebewegung innerhalb der Periode wieder auf.

1. Die Tonordnung der Periode.

Die aus einzelnen Taktgruppen zusammengesetzte Periode verlangt auch harmonisch eine bestimmte Cäsurbildung. Der harmonische Ruhepunkt, der sich in einer mehr oder minder vollkommenen Kadenzierung ausdrückt, kann innerhalb der Periode in zwei Harmoniebezirken auftreten, im Bezirk der Tonika und der Dominante. Der Grundabsatz („weil er jederzeit auf dem Grundton seine Lage hat") und der Aenderungsabsatz („weil nach diesem allezeit eine Ausweichung des Tones geschiehet") als Tonika bezw. Dominante bilden auch für Riepel die beiden Harmoniepole, zwischen denen sich die einzelnen Harmonieteile entwickeln. Riepel legt seiner Betrachtung die zwei- und dreiteilige Periode zugrunde. Die zweiteilige Periode ergibt sich aus der Zusammensetzung von vier Melodieteilen (Absätzen). Der Vierer, der, wie oben dargelegt, für Riepel und Koch den kleinsten selbständigen Melodieteil darstellt, bildet gewöhnlich einen dieser Abschnitte, sodass die sechzehntaktige Periode sich als der zweiteilige Typ ergibt. Es erscheinen also zunächst vier harmonische Cäsuren innerhalb der Periode, die zueinander in logischer

Beziehung stehen müssen. Ein Haupterfordernis in der Anordnung der „Endungen" ist es, dass stets Schlüsse verschiedener
Art aufeinander folgen, da die unmittelbare Folge gleicher Endungen „unangenehm" wirken kann.

Der letzte Teil der Periode hat nach Riepel regelmässig mit
der Kadenz in der Grundtonart zu endigen; daher ist auch die
eine Periode beherrschende Grundtonart in erster Linie an der
Schlusskadenz zu erkennen. Ebenso soll der erste Absatz die
Grundtonart beibehalten, um dieselbe festzulegen. [1]) Variabel sind
also in erster Linie die Endungen des zweiten und dritten Teils
der Periode. Der zweite Teil, dessen Endung zugleich die Hälfte
der Periode markiert, erhält nach Riepel stets Dominantcharakter.
Der dritte Teil, der zwischen Dominante und Tonika steht, kann
entweder die eine Funktion weiterführen oder die andere vor-
bereiten. So wird die Endung dieses Abschnittes ebenso gut auf
der Dominante als auf der Tonika basieren können. Die Kadenzierung in der Dominante kann entweder nach dem zweiten
oder dritten Teil erfolgen. Entwickelt sich die harmonische Ausweichung langsam, so erfolgt nach dem zweiten Vierer ein Halbschluss auf der Dominante, der erst nach dem dritten Teil zur
Kadenz weitergeführt wird. Der gewöhnliche modulatorische Weg
ist aber die Kadenzierung nach dem zweiten Vierer, dem ein
Halbschluss auf der Dominante oder Tonika nach dem dritten
Teil folgt. Zu den selteneren Fällen rechnet Riepel die Harmoniefolge, die bereits im ersten Vierer zu einem Halbschluss auf der
Dominante führt: „Mir scheint dieser Absatz nicht anders als im
ex abrupto zu seyn; weil hier diese Tonart C durch einen förm-
lichen Grundabsatz vorher nicht festgestellt ist worden." Tritt
jedoch dieser Fall ein, so will Riepel den Halbschluss stets zur
Dominanzkadenz nach dem zweiten Teil weitergeführt wissen.
Schliesslich kann es innerhalb einer Periode zu keiner Kadenzierung

---

[1]) Nach Riepel bildet den Anfangston einer Periode die Prim oder Quinte
des Tonikadreiklangs. Jeder andere Ton der Tonleiter, auch die Terz,
stellt eigentlich ein „ex abrupto" dar, das „dem Zuhörer auf einmal eine
erstaunliche Aufmerksamkeit usw. einprägen soll"; und „ein solcher Aus-
oder Einfall geschiehet aber alle Zeit mit Vorbedacht; und dieses entweder
in Ansehung des Textes, oder des Themas selbst usw.." So klingt die
„anfangende Quart F, welche mit dem Bass G eine Septime ausmacht,
eben gar nicht so übel, doch muss eine Kadenz ein Haltungszeichen oder
etwann ein kurzes Largo in G vorangegangen seyn."

in der Dominante kommen, sodass nur mit einem Halbschluss die Ausweichung in die Tonart der Quinte erfolgt. Es ergibt sich also nach Riepel folgendes Schema der harmonischen Endungen innerhalb der zweiteiligen (sechzehntaktigen) Periode:

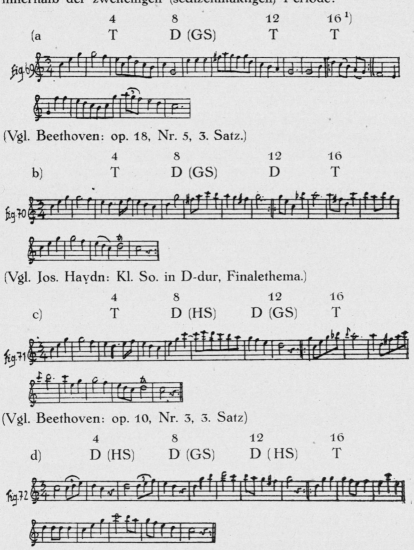

(a
| 4 | 8 | 12 | 16 [1]) |
| T | D (GS) | T | T |

(Vgl. Beethoven: op. 18, Nr. 5, 3. Satz.)

b)
| 4 | 8 | 12 | 16 |
| T | D (GS) | D | T |

(Vgl. Jos. Haydn: Kl. So. in D-dur, Finalethema.)

c)
| 4 | 8 | 12 | 16 |
| T | D (HS) | D (GS) | T |

(Vgl. Beethoven: op. 10, Nr. 3, 3. Satz)

d)
| 4 | 8 | 12 | 16 |
| D (HS) | D (GS) | D (HS) | T |

(Vgl. Beethoven: op. 18 Nr. 4, 4. Satz, Thema).

---

[1]) T = Tonika; D = Dominante; WD = Wechseldominante; GS = Ganz-schluss; HS = Halbschluss; DHS = Halbschluss auf der Dominante; Dp = Dominantparallele.

	4	8	12	16
e)	T	D (HS)	T	T

(Vgl. Mozart: Kl. So. in C-dur (K 545) 2. Satz, Thema).

In jeder dieser Anordnungen erfolgt im zweiten Teil eine Ausweichung in die Dominante. Es gibt jedoch ebenso häufig Periodenbildungen, die beide Kadenzen, in der Mitte sowohl wie am Schluss auf der Tonika bilden, sodass die Ausweichung in die Dominante nur in den Zwischencäsuren nach dem ersten und dritten Teil erfolgt. So können nach Koch die vier melodischen Teile auch so verbunden werden, „dass zwey eine Kadenz in der Haupttonart enthalten." So kommt Koch noch zu folgendem Schema:

	4	8	12	16
a)	T	T (GS)	D (HS)	T

Menuet von Haydn (bei Koch):

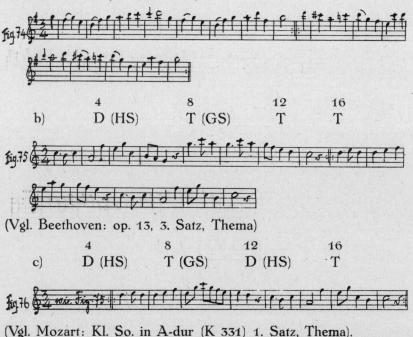

	4	8	12	16
b)	D (HS)	T (GS)	T	T

(Vgl. Beethoven: op. 13, 3. Satz, Thema)

	4	8	12	16
c)	D (HS)	T (GS)	D (HS)	·T

(Vgl. Mozart: Kl. So. in A-dur (K 331) 1. Satz, Thema).

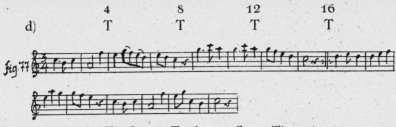

	4	8	12	16
d)	T	T	T	T

(Vgl. Jos. Haydn Kl. So. in Es-dur 1. Satz, Thema).

Die letzte Anordnung weist sogar die Möglichkeit auf, einer
Melodie nur tonale Einschnitte zu geben. Diese Cäsurbildung je-
doch verlangt eine Variierung der melodischen Endungen (Terz-,
Quintlage; weibliche und männliche Endung).

Die Anordnung e) von Riepel zeigt, dass in der Periode
nicht immer eine doppelte Kadenzierung stattfinden muss, sondern auch eine vollständige Kadenz nur am Schlusse stehen kann.
Koch fügt dieser Anordnung Riepels noch eine zweite an, die
sowohl nach dem zweiten wie dritten Teil einen Halbschluss auf
der Dominante bringt. Hier treffen also ähnlich der Anordnung d)
(von Koch) zwei gleiche Absätze unmittelbar aufeinander, und
„man muss acht haben, dass die Folge derselben keine unangenehme Würkung hervorbringt."

4	8	12	16
T	D (HS)	D (HS)	T

Menuet von Haydn (bei Koch):

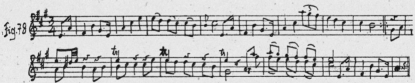

Ist die Periode dreiteilig (dreimal acht Takte) aufgebaut, so
fällt dem mittleren Teil nach Riepel die modulatorische Aufgabe
zu. Erster und letzter Teil bleiben im tonalen Bezirk, während
der Mittelsatz eine „förmliche" Kadenz in der Dominante bringt.
Die beiden Teile des Mittelsatzes führen diese Modulation in der
Weise durch, dass der erste Teil mit einem Halbschluss auf der
Wechseldominante, der zweite Teil mit einer Kadenz auf der
Dominante schliesst.

∥: T bzw. D (HS)　　T :∥:　　WD (HS)　　D (GS)　　T (DHS)　　T :∥

(Vgl. Jos. Haydn Kl. So. in C-dur Finalethema).

Anstelle des Halbschlusses auf der Wechseldominante kann auch, wie Koch betont, eine Ausweichung in eine fremde Tonart erfolgen (gewöhnlich in die Sp – Subdominantparallele –), die dann zum Halbschluss auf der Dominante weitergeführt wird.

T (DHS)　　　T　　Sp　　D (HS)　　　T　　T
Menuet

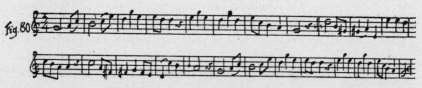

Ferner erfolgt vielfach nach dem Mittelteil, wenn in diesem eine Modulation zur Dominante ausgeführt wird, eine Rückmodulation zum Halbschluss auf der Dominante mit Hilfe von einem oder zwei eingeschobenen Absätzen:

　　　　T　　　T　D　　D (GS)　　D (HS)　　T　　　T
oder: D (HS)　T　WD　D (GS)　D (IIS)　D (HS)　T

Haydn: Menuet (bei Koch):

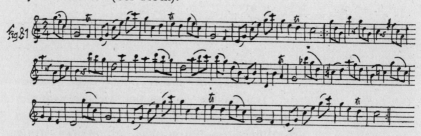

(Vgl. Jos. Haydn Kl. So. in Es-dur Finalethema)

Die Modulation zur Dominante erfolgt nicht immer erst im zweiten Teil, wie Riepels Schema zeigt, sondern sie tritt ebenso häufig bereits im ersten Teil auf, sodass der Mittelsatz die Modulation mit oder ohne Ausweichung zur Haupttonart zurückführt und mit einem Halbschluss auf der Dominante endigt, wie Koch aufweist:

4	8	12	16	20	24
T	D (GS)	Dp	D (HS)	T	T

Scheinpflug: Menuet (bei Koch):

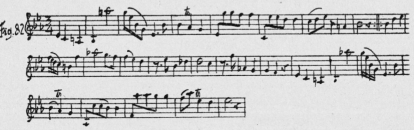

(Vgl. Beethoven op. 18, Nr. 5 Menuetto (Trio).

Koch versucht schliesslich, die gebräuchlichsten Arten der Gegenüberstellung von harmonischen Endungen innerhalb der Periode in folgender Weise zusammenzufassen: Es kann folgen:

1. nach dem Grundabsatze entweder

   a) ein Quintabsatz oder

   b) eine Kadenz;

2. nach dem Quintabsatze entweder

   a) eine Kadenz oder

   b) ein Quintabsatz in einer andern Tonart

   c) wenn es nicht zum Anfange eines Tonstücks geschieht, auch ein Grundabsatz, oder auch

   d) zuweilen ein anderer Quintabsatz auf der nämlichen harmonischen Grundlage;

3. nach der Kadenz entweder

   a) ein Grundabsatz oder

   b) ein Quintabsatz oder auch

   c) eine Kadenz in einer andern Tonart.

Riepel hat ferner bereits festgestellt, dass die Modulation innerhalb der einzelnen Melodieteile nicht immer „glatterdings" verläuft, sondern häufig mit durchgehender Ausweichung erfolgt. Besonders die Rückmodulation von der Dominante zur Tonika berührt oft mehrere „fremde Tonarten", bis sie auf dem Halbschluss der Dominante oder Tonika endigt. So „hebt" folgende Rückmodulation, als „Ponte" von Riepel bezeichnet, „glatterdings wieder in G an", um zur Tonikakadenz zurückzukehren:

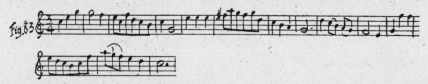

(Vgl. Beethoven op. 2, Nr. 1 Trio, 2. Teil).

Dagegen erfolgt in folgenden Beispielen, „Monte" und „Fonte" von Riepel genannt, eine Ausweichung nach F-dur bzw. D-moll vor dem Halbschluss auf der Dominante bzw. Tonika:

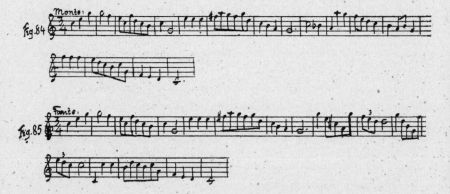

Beiden Arten der Ausweichung liegt die sogen. Quintsequenz zugrunde, die nach Riepel auf die „Frescobaldische Tonordnung", also auf ein barockes Kompositionsmittel zurückgeht. Die Ausgangsform für diese Art von Sequenzbildung stellt die stete Folge von Septimen mit ihrer Auflösung in die Sexte dar (also Ligaturenketten 7-6):

Haydn Kl. So. in Es-dur 1. Satz:

Eine Erweiterung der Ligatur erfolgt nun dadurch, dass anstelle der Folge 7–6 die Folge 7–7 tritt, indem der Bass einen Quint-

schritt abwärts oder einen Quartschritt aufwärts einschaltet, statt
liegen zu bleiben, und der Vorhalt in verschiedenen Stimmen liegt:

Im Satzbau der Wiener Klassik fällt der Vorhalt, das Zeichen
der Ligatur, häufig fort, und es bleibt nur eine sequenzmässige
Folge von Harmonien, die im Verhältnis von Tonika und Dominante zueinander stehen. – Die Quintsequenz kann aufwärts
(Monte) und (Fonte) abwärts geführt auftreten. Die verächtlichen
Beinamen „Schusterfleck“ (Riepel) oder „Rosalie“ (Koch) erhält
sie vor allem dann, wenn die Sequenzfiguren modulatorisch
transponiert werden:

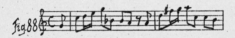

Gerade als Rosalie verlangt die Sequenzbildung im zweiten Glied
melodisch wie harmonisch variiert zu werden, um die Nähte in
der Harmoniefolge zu verdecken. So ist, um den Schusterfleck
zu beseitigen, nach Riepel nur notwendig, das zweite Glied „anders zu formieren“, sodass es „ohn eintzige Aehnlichkeit mit
dem ersten Glied“ ist. Melodisch erfolgt entweder eine Variierung
der Motivik des ersten Gliedes

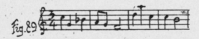

oder die Aufstellung eines neuen Motivs im zweiten Glied:

Das Thema des zweiten Satzes aus der V. Sinfonie von Beethoven baut sich fast vollständig auf einer Quintsequenz auf, die

aber durch die melodische Variierung wenig spürbar wird:[1]

Vor allem aber haben harmonisch die Quintschritte verdeckt zu werden, denn „auch den Bass kann man mithelfen lassen, damit das zweyte Glied mit dem ersten um so weniger Aehnlichkeit haben möge." So enthält der Bass in folgendem Beispiel eine eigene Führung, die die Harmonieschritte nur latent fühlbar werden lässt.

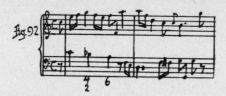

Vgl. Beethoven op. 27, Nr. 2, 2. Satz:

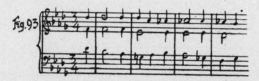

Vgl. Mozart Kl. So. in B-dur (K 333) 3. Satz, 9. Takt vor der Kadenz:

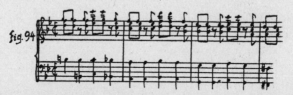

Sehr häufig wird anstelle der Quintenschritte ein mit „Schärfung" (Chromatik) versehener Bass gesetzt und so erreicht, dass die Akkorde in Terzverwandtschaften treten, eine Harmoniefolge, wie sie H. J. Moser in Bachs Werken auch aufzeigt.[2] Riepels Modell hiefür lautet:

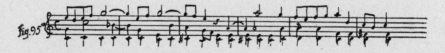

---

[1] Vgl. Nottebohm: Beethoveniana I (1872) S. 14–15.
[2] H. J. Moser: Joh. Seb. Bach (Berlin 1934) S. 126–27.

Vgl. Jos. Haydn: Sinfonie in C-dur (Nr. 14) Finale, 2. Teil, 41. Takt ff.:

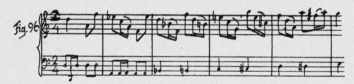

Wie kunstvoll in der Praxis eine Verschleierung der Quintschritte erreicht werden kann, zeigt ein Beispiel aus Beethovens G-dur Klaviersonate op. 31 Nr. 1, wo aus Grundton, Septime und deren Auflösung eine eigene Bassmelodie anstelle der Quintschritte gesetzt wird:

Oft wird auch die stufenweis angeordnete Folge aufgegeben und ein oder mehrere Sequenzglieder übersprungen. So kann „die Wendung verwechselt werden", indem die Quintschritte, wie bei der oben gezeigten chromatischen Bassführung, terzweise aufeinander folgen:

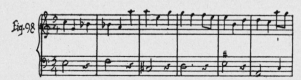

Vgl. Beethoven: op. 10, Nr. 3, 4. Satz, Takt 5 u. folg.:

Vgl. Jos. Haydn: Symphonie in G-dur (Nr. 6) Menuetto:

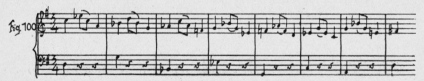

Vgl. demgegenüber die in Halbtonschritten aufsteigende Quintsequenz in Schuberts B-dur-quartett, die ihm „als Vater der gesamten romantischen Harmonik" entspricht:

Eine Verbindung von stufen- und terzweis angeordneter Folge wird durch die eingeschobene Modulation in die Tonart des zweiten Sequenzgliedansatzes erreicht:

Der Eindruck einer sequenzmässigen Harmoniefolge wird schliesslich immer mehr verwischt, wenn einzelne Glieder der Sequenz wiederholt werden und Quintschrittmodulationen von beliebiger Intervallentfernung zwischen dieselben eingeschaltet werden.

Neben der geradlinigen Modulation von Tonika zur Dominante erfolgt nach Riepel also am häufigsten mittels dieser Quintsequenz eine Berührung von fremden Tonarten innerhalb der Periode. Riepel fordert daher in seinem Lehrbuch den Schüler auf, die „dreyerley Exempel (Ponte, Monte, Fonte) zu merken, solang er lebt und gesund ist." In der Tat ist im Periodenbau der Wiener Klassik die Modulation häufig in Form der Quintsequenz anzutreffen, sodass die Modelle Riepels vollkommen identisch mit vielen klassischen Perioden erscheinen. So ist folgende Stelle

aus dem 1. Trio des Menuetts von Mozarts Klarinetten-Quintett
im Aufbau vollständig Riepels Monte (Fig. 84) ähnlich:

Aufbau: I–IV–II–V.

Ebenso Haydn: Klaviersonate in G-dur 1. Satz, Takt 25 und folg.:

Aufbau: I–IV–II–V.

Das Thema des Finale aus der I. Sinfonie von Beethoven zeigt
eine Rückmodulation von der Dominante zur Tonika ohne Variierung der einzelnen Sequenzglieder (Riepels Fonte):

Aufbau der Sequenz: VI–II–V–I.

Endigt der dritte Teil mit Halbschluss auf der Dominante, so
steht für: VI–II–V–I die Folge: III–VI–II–V; z. B. Menuett
aus Mozarts Kleiner Nachtmusik, Takt 9 und folg.:

Als Beispiel für die Anwendung der Quintsequenz als Ueberleitung zwischen einzelnen Themengruppen diene Beethoven:

I. Sinfonie 1. Satz (aus der Ueberleitung vom ersten zum zweiten Thema in der Reprise).

Ergebnis: Riepels Versuche, den harmonischen Aufbau der Periode aufzudecken, gehen von der richtigen Erkenntnis aus, dass die Periode harmonisch nur eine ausgedehnte Modulation von der Tonika zur Dominante und zurück darstellt. Daher wird für ihn auch der Tonikacharakter des Anfangs und des Schlusses und der Dominantcharakter der Mitte der Periode zur Norm. In der Tat kann mit Riepels Analyse eine grosse Anzahl von Periodenbildungen in ihrem harmonischen Aufbau erklärt werden. Verglichen mit den Darlegungen Kochs, ergeben sich allerdings noch Lücken in Riepels System. So fehlt bei Riepel der Hinweis, dass viele Perioden ihre harmonischen Stützpunkte nur in der Tonika haben können. Ebenso fehlt die Betrachtung von Perioden in Moll, die ja (was Koch wenigstens vorübergehend erwähnt) häufiger zur Paralleltonart wie zur Dominante modulieren können. Riepel, der aus Fuxens Traktat den Satz: „Die Musik ist ein unerschöpfliches Meer" an den Schluss eines jeden Kapitels setzt, weiss selbst zu gut, dass es unmöglich ist, alle Periodenbildungen, die in den Werken der einzelnen Meister vorkommen mögen, in ein System einzuordnen, und er will daher seine Darstellung nur als „ein kleines Muster" gewertet wissen. So würde man vergeblich versuchen, folgende Modulation zur Dp. im Thema des Finale aus Haydns Sinfonie in G-dur (Nr. 13) bei Riepel oder Koch erklärt zu finden:

Interessant ist es ferner, zu sehen, wie Riepel bereits erkannte, welche Bedeutung die barocke Quintsequenz in der Periodenbildung des neuen Stils erlangen kann, und mit Glück versuchte, die Auswertung dieser Sequenz innerhalb der Periode theoretisch zu fixieren.

2. Die Tonordnung des Symphoniesatzes.

Wenn man das theoretische Spiegelbild[1]) der Entwicklung der Symphonie im 18. Jahrhundert betrachtet, so findet man, dass die Veränderungen in formaler Hinsicht viel weniger beachtet werden, als der Umbruch in der Darstellung des musikalischen Ausdrucks. Besonders stark tritt das Interesse für die formale Gestaltung in der mittleren Entwicklungsphase, in der Zeit „der expressiven Gefühlstheorie" zurück, wo nur der gesteigerte Wechsel im Ausdruck, nicht aber dessen Folge für die Form berücksichtigt wird. Die ersten auch die Form beachtenden Ausführungen finden wir bei Beginn der Entwicklung in Matthesons und Scheibes Lehrbüchern. Und erst als die Entwicklung der Symphonie in ihrer gross- wie kleinformalen Struktur sich abklärte und die Symphonie in den Meisterwerken der ersten Wiener Klassiker ihren formalen Kanon erhielt, begann man auch die ausgeprägte Form in die theoretische Betrachtung zu ziehen. Schulz, Vogler, Junker und Koch finden in ihren Schriften die ersten glücklichen Formulierungen. In der Mitte der Entwicklung aber, in der Zeit, als die Formgestaltung noch im Fliessen war, versuchte bereits Riepel in seinem Werk die wichtigsten Formgegebenheiten zu einem ersten theoretischen Grundriss herauszuarbeiten.

Die erste theoretische Erörterung der Symphonie finden wir in Matthesons „Neueröffneten Orchestre" (1713), die Walther im „Musikalischen Lexikon" (1732) noch wortgetreu nachdruckt: „Symphonia heisst in genere alles, was zusammenklingt, in specie aber bedeutet es eine Komposition, die allein auf Instrumenten hervorgebracht wird . . . . . Gewöhnlich bestehen die Symphonien aus einem brillanten und majestätischen 1. Satz, allwo nicht selten die Hauptpartie sonderlich zu dominieren pflegt, und einem lustigen menuettgleichen Satz . . Die Symphonie kann aber auch als ersten Satz ein Allegro (4–6) und ein Andante (8–12 Takte) aufweisen, die . . . vor einer Fuge stehen . . . Hierauf folgt noch ein ganz schneller Satz." Auch in Niedtens Musikalischer Handleitung heisst es, „dass die Sinfonien . . . mit einem etwas brillierenden

---

1) Vgl. R. Sondheimer: a. a. O. I. Teil.

und majestätischen Wesen anfangen sollen, allein die Hauptpartie . . . nicht selten dominiert, und sich in zwei Reprisen
einerley Mensur zu theilen pfleget." Dieser „regulären" Form
wird die mit einem fugierten Satz als „Ausnahme" gegenübergestellt.[1]) Die erste Form nun, die keinen fugierten Satz, sondern
bereits eine dominierende Hauptpartie aufweist, erhielt in der
Folgezeit ihre weitere Ausgestaltung. In Matthesons „Vollkom-
menem Kapellmeister" (1739) und Scheibes „Kritischem Musikus"
(1737) finden wir dann die bekannte Einteilung der Symphonie
nach ihrer Verwendung: 1. Symphonie in der Kirche, 2. Symphonie im Theater, 3. Symphonie in der Kammer. Scheibe
schreibt zur Entstehung der dreisätzigen italienischen Symphonie:
„Seitdem die Opern in Italien ihren völligen Glanz erreicht
haben: so hat man darauf gesehen, ihnen eine Gattung von In-
strumentalstücken vorzusetzen, die . . . die Zuhörer zu der ganzen
Oper auf eine bequeme und sinnreiche Art vorbereitet. Diese
Stücke nennt man Symphonien. Es ist aber nicht gar lange, dass
man sie auch bei uns in Deutschland eingeführet und ich dörfte
fast sagen, zu ihrer grössten Vollkommenheit gebracht hat."[2])

Die entwicklungsgeschichtlich wichtigsten Feststellungen finden
wir besonders in Scheibes Darstellung der Kammersymphonie.
Von ihrer formalen Gestaltung schreibt er ausführlich S. 623:
„Wenn ein Satz in zweene Theile getheilet ist, und also in geschlossenen Klauseln besteht: so muss jeder Theil seinen eigenen
Zusammenhang haben. Man fängt also mit der Haupterfindung
an, und verfolget sie mit verschiedenen, theils daraus fliessenden,
theils damit verknüpften, Nebensätzen, bis man zu einer andern
und gewissen Tonart gelanget, in welcher man einen Schluss
machen kann. So schliesst also der erste Theil eines geschwinden
Satzes in einer Symphonie, die aus einer grossen Tonart geht,
in die Quinte der Tonart; ist aber die Tonart klein, so schliesst
der erste Theil am besten in die Terz . . . . Dieser Schluss muss
aber überaus deutlich und in der Folge der Sätze gleichsam nothwendig seyn; damit die Wiederholung dieses Theiles angenehm
und natürlich werde. Den zweyten Theil fängt man hierauf wieder

---

[1]) Fr. Erhard Niedtens Musikalischer Handleitung Anderer Theil (zweyte
   Auflage, verbessert, vermehrt, mit verschiedenen grundrichtigen Anmerkungen durch J. Mattheson) Hamburg 1721 S. 100.
[2]) Scheibe: Kritischer Musikus S. 596.

mit der Haupterfindung an, und richtet sich in der Ausführung desselben auf das genaueste nach der Beschaffenheit und nach den Gedanken des ersten Theiles. Man hat aber auch die Freyheit, die Tonart in diesem Theile mehr, als einmal, zu verändern, und also in der Mitten desselben auch in andere Tonarten zu gehen oder zu schliessen. Man muss aber endlich den Zusammenhang so einrichten, dass man zuletzt auf eine lebhafte und ungezwungene Art in die Haupttonart wieder zurücke kehren, und den zweyten Theil damit endigen kann."

Diese Darstellung Scheibes berücksichtigt allerdings noch wenig die neu sich entwickelnde Form; auch die Sonate der Suitenzeit weist diesen Aufbau auf. Gerade die Opernsymphonie der Italiener aber, die mit ihrer von Tuttistellen reich durchbrochenen, in kurze Perioden gefassten Melodik die horizontale Linienführung aufgibt, und die Gegenüberstellung von Haupt- und Nebengedanken ermöglicht, wird in ihrer Bedeutung für die Formgebung von Scheibe nicht erfasst; die Musik der Italiener vielmehr wird wegen ihres minderen Affektgehaltes verworfen: S. 87 „Die Freunde der italienischen Musik haben bisher in den Erfindungen dieser ausschweifenden Nation das Erhabene vergebens gesuchet." Jedoch der Umschwung in der Ausdrucksgestaltung innerhalb der Symphonie wird von Scheibe bereits klar erkannt und deutlich formuliert: S. 597 „Vor Zeiten hatten die Sinfonien fast eine ganz andere Gestalt. Sie waren so wohl, in Ansehung der Melodie, als auch in Ansehung der Harmonie, und dann auch in der äusserlichen Einrichtung und Folge der Sätze von den itzigen sehr weit unterschieden. Die Melodie war nicht so frey, nicht so natürlich, und folglich auch nicht so lebhaft und fliessend. Man sah darinnen mehr auf eine starke und vollständige harmonische Ausarbeitung. Sie waren dahero auch künstlicher und mühsamer zu verfertigen. Bey diesen Eigenschaften aber konnten sie unmöglich auch den Affekt besitzen, der hingegen den itzigen Sinfonien eigen ist. Sie waren weder so angenehm, noch so rührend und ausdrückend, als diese sind. Der Zwang herrschte darinnen viel zu stark, als dass er der Natur die Oberhand hätte lassen sollen. Die starke harmonische Arbeit war es in Sonderheit, die solches verhinderte. Die Melodie, oder ein reiner Gesang ward also dadurch unterdrücket. Und so waren sie auch nicht so geschickt, alles dasjenige auszudrücken und zu wirken, welches hingegen durch unsere heutigen Sinfonien geschieht, und worinnen auch ihr eigentlicher und wahrer Charakter besteht." S. 624 „Je mehr man aber geschickte und unerwartete Fälle und Gedanken anbringt, desto lebhafter und angenehmer wird auch eine solche Sinfonie. Es gehöret aber eine grosse Uebung, eine tiefe Einsicht in die Melodie, und keine gemeine Geschicklichkeit darzu, alles wohl und natürlich mit einander zu verbinden, und auch die fremdesten Gedanken und Einfälle auf das ordentlichste wieder mit der Haupterfindung zu vergleichen. So müssen dahero ganz unerwartete Einfälle die Zuhörer gleichsam unvermuthet überraschen. Bevor sie aber darüber ihre Beurtheilung anstellen können, muss so fort alles wieder mit der Haupterfindung vereinbaret und verknüpfet werden." Die Forderung nach unerwarteten Einfällen und „fremden Gedanken" verschiebt also bereits das Gewicht von der melodischen Fortspinnung auf die prägnante thematische Erfindung.

Wie bereits bei Scheibe aber die sinfonische Entwicklung vor allem nur in der neuen Ausdrucksweise erkannt wird, so lassen die ihm nachfolgenden Theoretiker die Formgebung ganz ausser acht und suchen der neuen Sinfoniebildung nur ästhetisch näherzukommen. So weiss Quantz [1]) nur für die Sinfonie die bekannte von allen Theoretikern gestellte Forderung anzugeben, dass sie als Opernsinfonie auf die Handlung vorzubereiten habe, erwähnt jedoch, wie schon Schering [2]) bemerkt, die Mannheimer Kammersinfonie überhaupt nicht. Dagegen bringt er die Forderung nach rasch wechselndem Ausdruck, nach „Licht und Schatten", dieser von jedem Theoretiker jener Zeit aus der Malerei entlehnten Bezeichnung für Ausdrucks- und Vortragswechsel. S. 51: „Ein guter Vortrag muss nicht weniger mannigfaltig seyn. Licht und Schatten müssen dabey beständig unterhalten werden. Wer die Töne in einerley Stärke oder Schwäche vorbringt, und, wie man saget, immer in einerley Farbe spielet, wer den Ton nicht zu rechter Zeit zu erheben oder zu mässigen weis, der wird niemanden besonders rühren. Es muss also eine stetige Abwechselung des Forte und Piano dabey beobachtet werden."

Von der formalen Ausgestaltung, von den satztechnischen Neuerungen, der Einführung der Doppelthematik, der motivischen Durchführung, der vollständigen Reprise wird in den Schriften

---

[1]) J. J. Quantz: Versuch einer Anweisung, die Flöte traversière zu spielen. (1752, Neuausgabe von A. Schering 1906).

[2]) Arnold Schering: Anmerkung zu Quantzens Werk S. 234.

dieser Zeit nichts erwähnt. Jedoch der rasche Wechsel im Ausdruck, die Mannigfaltigkeit in der musikalischen Darstellung der
Affekte erhält eine breite Würdigung. Ein Für und Wider erhebt
sich in der kritischen Betrachtung der einzelnen Stilgattungen, der
Gegensatz zwischen dem barocken und modernen Expressivo
wird eifrigst diskutiert. So heisst es bei Forkel: [1] „Es giebt
keinen besseren Beweis für die verschiedenen Verdienste der
gegenwärtigen Musik, und derjenigen, die sie verdrängt hat, als
die verschiedenen Wirkungen einer jeden derselben. Der Eindruck
der verdrängten Musik war tief, und dauert noch; die Composi-
tionen von Corelli, Händel, Geminiani usw. sind uns noch jetzt
im Gedächtnis, und die von Purcell, obwohl wir sie gleich schon
beynahe seit einem Jahrhundert kennen, haben doch in unsern
Augen noch ihre Reize; allein wer erinnert sich noch jetzt eines
Stücks, welches ihm im vorigen Jahr gefiel? Musikalische Werke
werden jetzt nicht mehr in unsern Bibliotheken aufbewahrt, und
wir sind ebenso wenig um ihr Schicksal bekümmert, als um die
Aufbewahrung eines Almanachs, oder anderer fliegender Blätter.“
Blainville dagegen schreibt in seiner „Betrachtung über die Musik“: [2]
„Verschiedenheit in der Musik bestehet darinne, dass ein Stück......
noch einige Züge von verwandten Schönheiten, womit man es
bereichern kann, enthalten muss, welches es sodann weit lebhafter
und interessanter macht, als wenn es auf eine einförmige und
simple Art abgehandelt würde. Das ist der Probierstein des Genies, und der Punkt, bis zu welchem wir heutzutage gekommen
sind. Ehemals liess der Mann von Talent, bloss durch die Empfindung und den Instinkt geleitet, der Feder freyen Lauf; die
einzelnen Verschönerungen hielten ihn, in den Augenblicken der
Begeisterung nicht auf; der Zuhörer aber, der verwöhnt worden
ist, weil er schon viel gehört hat, ist mit dem blossen Ausdruck
nicht mehr zufrieden; es müssen fremde Züge, neue Einfälle
dabey seyn. Das, was in der Morgenröthe der Musik sehr lebhaft, sehr eingreifend erschien, kommt uns heutzutage allzu
monotonisch vor, in Ansehung dessen, was man mit Recht
fordern zu können glaubt.“

Erst gegen Ende des Jahrhunderts, als in den Meisterwerken
der ersten Wiener Klassiker die Form der Symphonie ihre fertige

---

[1] Forkel: Mus. kr. Bibl. Gotha 1778. II. Bd. S. 225.
[2] Hiller: Wöchentl. Nachr. 1766 S. 359.

Ausgestaltung erhält, wird sie auch in der Theorie berücksichtigt.
So finden wir bei Schulz und Junker Versuche, die neue Themenbildung zu erklären. Schulz[1]) schreibt unter „Hauptsatz": „Hauptsatz ist in einem Tonstück eine Periode, welche den Ausdruck und
das ganze Wesen der Melodie in sich begreifet, und nicht nur
gleich anfangs vorkömmt, sondern durch das ganze Tonstück oft,
in verschiedenen Tönen, und mit verschiedenen Veränderungen,
wiederholt wird. Der Hauptsatz wird insgemein das Thema genannt; und Mattheson vergleicht ihn nicht ganz unrecht mit dem
Text einer Predigt, der in wenigen Worten das enthalten muss,
was in der Abhandlung ausführlicher entwickelt wird." Junker[2])
nennt das Thema „die zugrunde gelegte, konzentrierte Empfindung", und S. 25 „das, was der Held in der Malerey ist." „Thema
ist ursprüngliche Grundempfindung, auf die sich alle, in der Folge
entwickelten Nebenempfindungen beziehen; in die sie verwebt
seyn müssen, wie Theile in das Ganze, um Einheit festzusetzen.
Die Nebenthemata haben eben das Verhältnis zum Hauptthema,
das Beywerke in der Malerey zum Helden haben; eine Unterordnung." Schulz bringt ferner zunächst eine allgemeine Schilderung
der Formgebung, die den meisten „in der heutigen Musik üblichen
Tonstücken" zugrunde liegt:[3]) „Sie (die Formen) kommen alle
darin überein, dass in einem Haupttheile nur eine kurze, dem
Ausdruck der Empfindung angemessene Periode, als der Hauptsatz zugrunde liegt; dass dieser Hauptsatz durch kleinere Zwischengedanken, die sich zu ihm schicken, unterstützt, oder auch durchbrochen wird; dass dieser Hauptsatz mit diesen Zwischengedanken
in verschiedenen Harmonien und Tonarten, und auch mit kleineren
melodischen Veränderungen, die dem Hauptausdruck angemessen
sind, so oft wiederholt wird, bis das Gemüth des Zuhörers hin-
länglich von der Empfindung eingenommen ist, und dieselbe
gleichsam von allen Seiten her bekommen hat. Bey allen diesen
Stücken macht der Hauptsatz immer das wesentlichste aus: Seine
Erfindung ist das Werk des Genies; die Ausführung aber ein
Werk des Geschmacks und der Kunst." Bei der Charakterisierung
der Kammersymphonie weist er schliesslich auf die neue Technik
der melodischen Durchführung besonders hin:[4]) „Die Allegros

---

[1]) Sulzer: Theorie der schönen Künste. 1786 S. 396.
[2]) Junker: Abhandlung über die Tonkunst. Leipzig Ostermesse 1794 S. 2.
[3]) Sulzer: a. a. O. II S. 396.
[4]) Sulzer: a. a. O. II S. 396.

der besten Kammersymphonien enthalten grosse und kühne Gedanken, freie Behandlung des Satzes, anscheinende Unordnung in der Melodie und Harmonie, stark markierte Rhythmen von verschiedener Art, kräftige Bassmelodien und Unisoni, concertirende Mittelstimmen, freie Nachahmungen, oft ein Thema, das nach Fugenart behandelt wird, plötzliche Uebergänge und Ausschweifungen von einem Ton zum andern, die desto stärker frappieren, je schwächer oft die Verbindung ist, starke Schattierungen des Forte und Piano und fürnehmlich des Crescendo, das, wenn es zugleich bei einer aufsteigenden und an Ausdruck zunehmenden Melodie angebracht wird, von der grössten Wirkung ist. Hierzu kommt noch die Kunst, alle Stimmen in- und miteinander so zu verbinden, dass ihre Zusammentönung nur eine einzige Melodie hören lässt, die keiner Begleitung fähig ist, sondern wozu jede Stimme nur das ihrige beiträgt."

Eine gute Darstellung der neuen Kompositionstechnik sowie die deutliche Herausstellung eines ersten und zweiten Themas, die in ihrer Grundhaltung auch richtig charakterisiert werden, finden wir bei Vogler: [1] „Fortführen heisst, zu einem Satz andere Sätze beifügen (Componere). Wiederholen, Versetzen, Fortführen, Ausführen unterscheiden sich. Fortführen in besonderem Verstande heisst: Sätze wissen zu wählen, die auf das Vorhergehende Anspielungen sind, Ideen schreiben, die relativ und bezugvoll aufs Vorhergehende eine mannigfaltige Einheit zustande bringen." „In den Sinfonien befinden sich meistenteils zwei Hauptsätze. Erstens ein starker, der zur Ausführung den Stoff gibt. Zweitens ein sanfter, der die hitzigen Getöse vermittelt und das Gehör in einer angenehmen Abwechslung erhält. Die anderen feurigen Zwischenstücke, die bloss nur zum Zusammenhange als einzelne unbedeutende Perioden gezogen werden, rechnet man nicht." – Joh. Christ. Koch, der Formtheoretiker der Wiener Klassik, zeigt schliesslich in dem Kapitel: „Von der Beschaffenheit und Einrichtung der gebräuchlichen Tonstücke" seines Lehrbuches am deutlichsten, das Formgerippe der klassischen Symphonie auf. Wie in der Takt- und Periodenlehre knüpft jedoch Koch auch hier an Riepel an, der in der Zeit der rein ästhetischen Betrachtung der Symphonie bereits versuchte, die formale Struktur derselben aufzudecken.

---

[1] G. J. Vogler: Betrachtungen der Mannheimer Tonschule 1778–81 II. Bd. S. 366, S. 62.

Aehnlich wie Mattheson erklärt Riepel die Symphonie als „wohllautenden Zusammenklang." Sie wird nur „als Eingang, sage zur Eröffnung des Theatre oder eines Concerts geschrieben." Somit wäre also die Kammersymphonie insofern auch als eine Ouvertüre zu betrachten, als sie die Bestimmung hat, eine musikalische Veranstaltung zu eröffnen. Da es nach Riepel „auch heisst, die Symphonie müsse alles niederschlagen, so wird eine recht schwärmende Symphonie Uvertur genannt, eine hingegen, die mehr singet, erhält den Namen Symphonie." – In der ästhetischen Haltung steht Riepel mit seinen kurzen Bemerkungen durchaus auf dem Boden der Ausdruckstheorie seiner Zeit. „Was von Herzen geht, geht wieder zu Herzen", ruft er aus, „und es ist daher nur die Regel zu machen, dass einer den Effekt suchen muss, so lange er lebt." „Licht und Schatten" fordert er wie Quantz in der Komposition, „um bei den Zuhörern Eindruck zu machen wie ein Prediger." Da „piano und forte" für die Komposition so wichtig sind, wie für die Malerei Licht und Schatten, so kann dieser Unterschied in der Ausführung für Riepel unmöglich eine „neue Erfindung" sein. Andererseits jedoch weist auch Riepel darauf hin, dass das Crescendo erst eine Errungenschaft des neuen Stils ist. „Crescendo, wachsend ist vor wenigen Jahren erst auf die musikalische Welt gekommen. Allwo dieses Wort stehet, da fangen die Noten piano an, und werden nach und nach immer stärker, ja auf die Letze gar fortissimo gemacht." Mit der italienischen Opernsymphonie kann auch Riepel sich noch nicht recht verstehen, „denn die Italiener schmieren oft so schlechte Anfangssymphonien zusammen, dass man fast glauben soll, sie thun es deswegen, damit hierauf die Singstimmen desto besser lauten mögen." Dass jedoch die Italiener das Hauptgewicht auf die homophone Melodie setzen, stellt er als ihr Hauptmerkmal klar heraus. „Die Deutschen geben mehr Composition, die Italiener hingegen mehr Instrument hinein; das ist, sie lassen die Hauptstimme durchaus schalten und walten, ohne sie durch so häuffige Composition zu verdecken oder zu hindern . . . . . Die Mittelstimmen müssen bei ihnen nur den Hauptgesang erheben helffen."

Die formale Darstellung der Symphonie ist enge verknüpft mit Riepels Lehre von der Tonordnung überhaupt. Die Symphonieform ergibt sich nach ihm aus der Betrachtung der klassischen Periode, da sie nur eine organische Erweiterung derselben

darstellt. W. Fischer [1]) sieht bekanntlich in dem „Fortspinnungstypus" der barocken Melodie das Formgerippe, das sich in der
klassischen Sonatenform als Exposition des ersten Sonatensatzes
darstellt. „Der Fortspinnungstypus wird zur Form der Exposition
des Sonatensatzes, natürlich mit Ausschluss des Seitensatzes. Der
eine Vordersatz wird dabei zum Hauptsatz, die Fortspinnung zur
Ueberleitungspartie, der Trägerin der Modulation, der Epilog je
nach der Stellung des eingeschobenen Seitensatzes zum Abschluss
der Ueberleitung oder zum Sonatenepilog." Für Fischer sind also
in einem barocken abgeschlossenen Melodiegebilde die Elemente
des ersten Sonatenteils enthalten. In ähnlicher Weise erscheinen
in Riepels theoretischen Darlegungen Funktionsparallelen zwischen
klein- und grossformalem Satz aufgezeigt. Natürlich erkennt er
keine Beziehung zwischen dem barocken Melodietypus und modernen Sonatensatz. Für ihn wird die Periode des neuen Stils
selbst Vergleichsobjekt mit dem ganzen ersten Sonatensatz. Alle
harmonischen Funktionen des grossen Satzes sind nur die erweiterten der einfachen Periode, sodass der Satz selbst bloss als
eine grosse Periode erscheint. Die Entwicklung der Melodie im
ersten Teil der Periode von der Tonika zur Dominante entspricht
der Exposition, der Beginn des zweiten Periodenteils in der
Dominante mit Ausweichung in fremde Tonarten der Durchführung und der Abschluss der Periode in der Tonika der Reprise.
Durch die verschiedensten Mittel der Erweiterung können so die
harmonischen und melodischen Elemente einer einfachen Periode
zu einem vollständigen Allegrosatz ausgestaltet werden. Dieser
Auffassung Riepels entspricht auch seine Darstellung des Erwei-
terungsmittels „der Ausdehnung", das, wie oben gezeigt wurde,
darauf beruht, ein gegebenes Motiv (Zweitakter), auf derselben
verbreiteten harmonischen Grundlage zum vier- bis achttaktigen
Satz auszudehnen. Umgekehrt nun lässt sich nach Riepel jeder
Symphoniesatz auf eine einfache Periode zurückführen, in der
latent das ganze Material für den Satz enthalten ist. [2]) So schreibt
er II S. 65: „Das hievorige Allegro hättest du mir nur im Kleinen
zeigen können, nämlich just wie die Mahler, mit sogenannter

---

[1]) Wilh. Fischer: Zur Entwicklungsgeschichte des Wiener klassischen Stils.
St. M. W. III S. 24.

[2]) Vgl. Kretzschmar: Gesammelte Aufsätze I S. 189: „Die Aufgabe, den Sinn
von 400 Takten zu verfolgen, ist wesentlich keine andere, als die, ihn
in 4 oder 8 Takten anzugeben."

Miniatur, nur auf einem handbreiten Papier einen Riesen in Lebensgrösse vorstellen."

Wie in der Periode sieht er auch im Verlauf eines ganzen Satzes nur zwei Harmoniezentren von ausschlaggebender Bedeutung, die Tonika und Dominante, sodass er die harmonische Struktur mit folgenden Buchstaben zunächst aufzeigt: C – G – C. Eine wesentliche harmonische Ausweitung kann der Satz wie die Periode nach der Modulation zur Dominante erhalten. Die Parallele wird hier der harmonische Stützpunkt für die modulatorische Erweiterung. So ergibt sich für ihn das bekannte den Allegrosätzen der vorklassischen Symphonien und Konzerte zugrunde liegende dreiteilige Modulationsschema: T–D, D–P, P–T, eine Ordnung, die nach Riepel schon „in der Natur stecken muss." Eine vollständige Kadenzierung erfolgt nach Riepel also innerhalb eines Satzes nur in der Tonika, Dominante und in der Tonikaparallele. Die Tonarten der anderen Stufen werden nur vorübergehend berührt als Einschnitts- und Absatzharmonisation. „Wir brauchen aber zu einem Allegro einer Symphonie oder eines Konzerts nicht mehr als den Oberknecht (Dominante) und hierauf etwan die Obermagd (Parallele). Der Meier (Tonika) verstehet sich ohnehin schon. Die übrigen kommen gemeiniglich nur als Einschnitte oder Absätze vor, und wechseln immer mit einander ab, und zwar so: der Taglöhner (Unterdominante) macht das Monte, die Unterläufferin (Wechseldominante) das Fonte. Das Ponte nimmt der Oberknecht allzeit selbst auf sich." Dass aber gerade in der Durchführung dieses Modulationsschema oft durchbrochen wird, und neben der Parallele vielfach andere Tonarten zur Kadenzierung benützt werden, zeigen die Beispiele selbst, die Riepel zur Erläuterung des Allegrosatzes gibt. Anhand einiger Melodiestimmen von Symphoniesätzen versucht nämlich Riepel den formalen Aufbau sowohl wie die neue Satztechnik überhaupt aufzuzeigen. Das erste Beispiel weist nur eine vollständige Kadenz in der Tonika und Dominante auf. Der erste Teil moduliert über die Wechseldominante zur Dominante, der zweite Teil als modifizierte Exposition zeigt keinerlei ausgesprochene Kadenzierung, sondern berührt nur in sequenzierender Form die Tonart der sechsten und zweiten Stufe. Daher bemerkt Riepel: „Weil das Stück keine wesentliche oder ordentlich ausgeführte Kadenz in der Sexte A hat, so kann das Allegro durch Miniatur-Buchstaben, nicht anders angezeigt werden, also: C – G – C." Der Satz mit kaum angedeuteten Nebengedanken und nur motivischer Reihung ist noch ganz suitenhafter Prägung. Der Epilog bringt das Hauptthema in Form eines Mollechos, wie es Wagenseil, Cammerloher und andere besonders lieben.

Vgl. Placidus Cammerloher aus der Sinfonia in Es-Dur op. 4 Nr. 2 (Scholasticum III Reihe II Heft 1):

Bei Beethoven findet sich diese Wiederholungsart in folgender Weise (Eroika, 1. Satz, Takt 89 u. folg.):

Das nächste Beispiel zeigt die Kadenzfolge C – G – a – C. Die Kadenz in a moll ist vorbereitet durch einen Absatz in E.

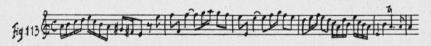

Die zugrunde liegende Periode stellt sich nach Riepel folgendermassen dar:

Die Dreiteiligkeit des Sonatensatzes (Exposition, Durchführung, Reprise) führt Riepel auf die Uebertragung des Schemas der Arie zurück. „Ich weiss wohl", schreibt er, „dass ein Solo durchaus arienmässig seyn muss" und gibt in einem Beispiel das dreiteilige Schema. Dasselbe sagt H. J. Moser in seinem Bachbuch,

wenn er den Kopfsatz des E-Dur-Violinkonzerts von Bach als
„eine riesige, rein instrumentale Dacapoarie" [1] bezeichnet. Die
von den alten Tanzsätzen in die Symphonie herübergenommene
zweiteilige Wiederholung büsst nun ihre Bedeutung für die formale Gliederung des Satzes ein. Sie markiert nurmehr rein
äusserlich den Einschnitt nach der vollendeten Dominantkaden-
zierung. Die Proportion der Teile wird durch die Dacapoform
des Satzes bestimmt. So lässt Riepel den Schüler sagen: „Das
Solo hat vermöge des Zeichens: : nur zwey Theile, und du ma-
chest doch drey Theile daraus."

Sondheimer überging, wie bereits Riepel, so auch Koch in
seiner Darstellung der Theorie der Symphonie. Gerade Koch
aber bringt am Ende des Jahrhunderts, als die Symphonie auch
in der formalen Gestaltung zur letzten höchsten Reife gelangt,
wohl nach Riepel die beste „nicht ästhetische", sondern „blos
mechanische Betrachtung" der Symphonie. Für die ästhetische Beschaffenheit der Symphonie ist Koch Sulzers „Allgemeine Theorie
der schönen Künste" massgebend, sodass er vollständig dessen
Angaben über die Symphonie zitiert. Um so mehr bringt er aber
in der „Mechanischen Betrachtung" Eigenes. Koch unterscheidet
im ersten Allegro einer Symphonie [2] „zwey Theile, die der Ton-
setzer bald mit, bald aber auch ohne Wiederholung vortragen
lässt." Der erste Teil weist dabei nur eine einzige Hauptperiode
(Exposition) auf, der zweite Teil dagegen „zwey Hauptperioden,
von denen der erste mannigfaltige Bauarten zu haben pflegt
(Durchführung), der zweyte die Wiederholung des ersten bringt
(Reprise)." In der inneren formalen Anlage unterscheidet also
auch Koch wie Riepel drei Teile. Die erste Periode enthält die
„Anlage" der Symphonie, d. h. die „ursprüngliche Folge der
melodischen Hauptsätze" (Aufstellung des thematischen Materials).
Durch Satz- und Taktverschränkung erfolgt ein „förmlicher Ab-

---

[1] H. J. Moser: a. a. O. S. 248.

[2] Koch betont, dass der einem Allegrosatz oft vorangestellte langsame Ein-
leitungssatz nicht mit dem Grave der Ouverture zu vergleichen ist, denn
er verlangt nicht wie dieses „eigentümliche Notenfiguren und Taktart, sondern er kann mit allen Notenfiguren, die dem Ernsthaften entsprechen"
dargestellt werden. Er kadenziert in keiner fremden Tonart und schliesst
mit dem Halbschluss oder mit der Kadenz. Oft bildet auch der Septimen-
akkord mit Fermate den Abschluss, oder es erfolgt eine Verschränkung
des Schlusstaktes mit dem Anfang des folgenden Allegro.

satz erst, wenn die rauschenden und volltönigen Sätze (1. Thema
d. V.) mit einem mehr singbaren, und gemeiniglich mit verminderter
Stärke des Tons vorzutragenden Satze (2. Thema) abwechseln, der
in der nächstverwandten Tonart steht." – Die Durchführung kann
nach Koch folgende zwei Hauptarten der Behandlung aufweisen.
Die erste Art entspricht der modifizierten Exposition, d. h. also:
„Diese Bauart bestehet darinne", dass die Durchführung „mit dem
Thema, zuweilen auch mit einem andern melodischen Haupttheile,
und zwar entweder von Note zu Note, oder in verkehrter Bewegung, ... in der Tonart der Quinte angefangen wird," um
mit einem oder mehreren durchgehenden Ausweichungen in die
Tonart der Sexte, Terz oder Secunde geleitet zu werden. In einer
dieser Tonarten werden dann einige melodische Teile wiederholt
oder zergliedert, worauf „der Periode in dieser Tonart geschlossen
wird." Die Bauart jedoch, „der man sich in den modernen Sinfonien sehr oft bedient, bestehet darinne, dass man einen in dem
ersten Theile enthaltenen Satz, oft auch nur ein Glied (Motiv)
desselben . . . . . ., entweder in der Oberstimme allein, oder auch
wechselweis in andern Stimmen dergestalt fortsezt, zergliedert
oder transponirt, dass man nach und nach erst in mehrere, theils
nahe verwandte, theils auch entferntere Tonarten durchgehende
Ausweichungen macht, ehe man mit der Modulation in diejenige
Tonart gehet, in welcher der Periode geschlossen werden soll . . . . . .
Beyspiele dieser Art findet man in vielen Haydnschen und beynahe in allen Dittersdorffschen Sinfonien." Koch bringt auch zum
ersten Mal den Hinweis, dass in den modernen Symphonien die
Durchführung nicht immer in der Quinte beginnt, sondern oft
gleich eine scharfe modulatorische Rückung bei Beginn des zweiten
Teils erfolgt: „Man tritt mit den zweyten Perioden oft in einer
ganz unerwarteten Tonart entweder ohne alle Vorbereitung ein,
oder man macht die Einleitung in eine solche Tonart nur vermittels weniger Töne, die der Kadenz in der Quinte nachfolgen."
Das Hauptmerkmal der Reprise, „des letzten Perioden", besteht
in der Modulation in der Haupttonart. Sie „fängt am gewöhnlichsten wieder mit dem Thema an. Die vorzüglichsten Sätze
werden nun gleichsam zusammengedrängt, wobey sich die Modulation gemeiniglich in die Tonart der Quarte hinwendet, aber,
ohne darinne eine Kadenz zu machen, bald wieder in den Hauptton zurücke kehrt." Das zweite Thema steht daher mit der Coda
des Satzes in der Tonika.

Die wesentlichsten Punkte dieser für ihre Zeit wohl beste Darstellung des Symphoniesatzes, wie die Darlegung der Doppelthematik und der Durchführung, finden wir schon in der Mitte des Jahrhunderts in Riepels Ausführungen deutlich aufgezeigt. So bringt Riepel in seinen Schulbeispielen bereits kantable Seitensätze wie folgende Figur zeigt:

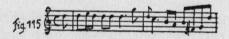

Auch Riepel setzt, wie in den praktischen Werken der Zeit stets zu beachten ist, piano vor den Seitensatz, womit dieser bewusst den vorhergehenden und nachfolgenden Fortestellen gegenübergestellt wird. Die in dieser Hinsicht von Fischer und Sondheimer betonte Einwirkung der Konzertform auf den Sonatensatz lässt sich bereits als von Riepel erkannt feststellen. Wiederholt spricht er aus, dass Konzert und Symphonie im Aufbau sich gleichen, bezeichnet die kantablen Sätze als „Clauseln", die, mit piano ausgezeichnet, immer einen Gegensatz darstellen. Der Seitensatz würde demnach als Soloeinsatz, der Hauptsatz als Anfangstutti zu gelten haben. Die Betonung des Gegensatzes in der Themenbildung finden wir in einer Entgegnung des Lehrers auf die vom Schüler aufgestellte Forderung, ein Komponist müsse so beim Thema bleiben wie ein Prediger beim Evangelio: „Ein Prediger kann ja das Ev. nicht immer wiederholen und vorlesen, sondern er muss es auslegen. Er macht eben Uebergänge oder Transitionen u. s. w. Er hat nebst dem Satz aufs allerwenigste noch einen Gegensatz . . . . . Gerade als wenn ein musikalischer Akkord einen halben Tag unbeweglich fortdauert; er möchte gleich noch so rein lauten. Oder just als wenn ein Komponist immer alles nach den blossen Regeln zusammensetzte, ohne sich weiter um den Effekt zu bekümmern."

Diese Kontrastierung beschränkt sich aber in Riepels Beispielen nicht bloss auf die beiden Hauptthemen, sondern sie lässt sich allgemein innerhalb des Satzes erkennen. So gibt er ein Beispiel, wie eine Durchführung auf den „so fremden Absatz" in der Terz mit einem „piano" Teil ausklingen kann, wobei die dazu geschriebene Sekundvioline den Orgelpunkt angibt; der darauffolgende Repriseneinsatz mit dem Hauptthema ist mit forte bezeichnet, um „Licht und Schatten" deutlich darzustellen.

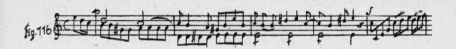

Vgl. Camerloher op. 4 Nr. 2 Takt 24—27:

Zugleich weist diese Stelle, wie besonders auch folgender Neben-
gedanke, in einem Beispiel Riepels:

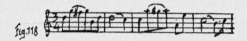

einen stark kantablen Zug auf, der durch Vorhalte und die weibliche Endung noch erhöht wird und den in der praktischen Musik
wirksamen Einfluss von Meistern dieser Schreibart, wie Joh.
Christ. Bach, auch in der Theorie anzeigt. Eigene Motive im
Epilog, sowie markante Unisonostellen

geben weitere Hinweise auf die schon theoretisch erfasste dif-
ferenzierte „Setzkunst" der Zeit. — Auch die durch die neue
homophone Schreibweise bedingte Veränderung der Stimmführung wird von Riepel klar erfasst. Auf die von ihm bereits
angegebene Kontrastwirkung im raschen Wechsel der Stimmfüh-
rungsarten, z. B. von Mehrstimmigkeit und Unisono, wurde eben
hingewiesen. Aber auch das Aufgeben der barocken Bassführung
und die Verlegung des Schwergewichts der Begleitung auf die
Mittelstimmen hält Riepel fest. Die verschiedenen Arten der
Begleitung, die in der Mitte des Jahrhunderts anstelle der Bass-
gänge der Corelli-Zeit treten, werden von Riepel dargelegt.

Der „Harfenbass" [1])

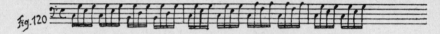

der „Trommelbass":

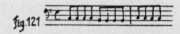

der „Murkibass":

„vor etlichen 20 Jahren entstanden" werden auf ihre Wirkung
hin untersucht. Alle diese Bassfiguren lassen nach Riepel zu, „dass
die tausenderley Figuren und Affekte des Gesanges (man sehe
und höre berühmte Werke!) sich nach Wunsch und Willen auf das
deutlichste auszeichnen." Ihnen gegenüber steht der „Französische
Bass", der in Frankreich „nachgeahmt wird". Er ist ein Nachkomme
desjenigen Basses, „vermittelst welchem Corelli und ältere italiäni-
sche Meister ihre diatonisch- und contrapunktartigen Sätze hauptsächlich auszuschmücken, oder vielmehr den Mangel eines arien-
mässigen Gesanges zu ersetzen suchten."

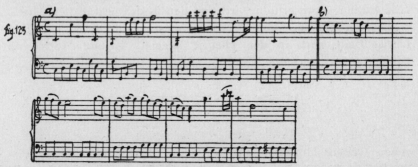

---

[1]) Riepel schreibt von ihm: „Ein italiänischer Meister, Namens Alberti, hat
sich, wie es heisst, am ersten damit hervorgethan; deswegen werden sie
hier Albertische Bässe genennet. Da in Italien die Klaviersachen, eines
feinen Vortrags ungeachtet, in keiner besonderen Achtung sind, weil die
Noten (sonderbar auf dem gemeinen Flügel) nicht mit darunter lang aus-
haltend singen, so hat Alberti diesen Mangel, vermuthlich einigermassen
zu ersetzen gesucht. Diese Bässe verbreiteten sich nicht so bald in kleinen
Klavierstücken und Sonaten, als in Konzerten, sage, in Klavierkonzerten
auch die Soli damit weidlich untermischt wurden." – Für Mozart wurde
diese Begleitweise „eines der bleibenden Lieblingsstilmittel" (Haas).

Figur a) weist einen französischen Bass auf, Figur b) einen Trommelbass; das erste Beispiel erscheint „weit prächtiger und geistiger" (Barock!) als das zweite, „dieses hingegen viel sanfter und singender." Die Bassführung des neuen Stils lässt also nach Riepel „den Gesang", die homophone Melodie, deutlich hervortreten, da die Baßstimme ohne jede eigene Melodiezeichnung ist. Andererseits jedoch wird der Bass, da die Mittelstimmen die Begleitung übernehmen können, für „eine Clausel, Nachahmung oder einen eigenen Gesang frei", also für die „motivische Durchführung." Daher kann Riepel von „sehr jungen und gleichsam Solomässigen Bässen" im neuen Stil sprechen. Für diese „Solomässige" Verwendung der Bässe bringt Riepel typische Beispiele. Bassmotive, wie folgende:

bleiben bis in die Klassik hinein typisch.

Vgl. W. A. Mozart: Jupiter-Symphonie, 1. Satz, Takt 167 u. folg.:

Mit Recht betont Riepel den Unisonocharakter dieser Bassfiguren „denn hier würden die Terzen mit der Bratsche den Bass verdunkelt haben." Figur 124 zeigt auch, wie die Kontrastierung durch zwei dynamische Gegenstellen die „Redikte" der galanten Schreibweise auflockert, ein Stilmittel, das wir besonders bei Mozart so häufig antreffen: vgl. Mozart, G-moll-Symphonie:

Finale Takte 9 u. folg.:

Dieses Miteinbeziehen des Basses in die melodische Themenbildung führt Riepel wie Koch auch zu einer wenigstens andeu-
tenden Erklärung der neuen Durchführungstechnik, indem nicht
mehr, wie bei Vogler, die suitenartige Fortführung, sondern die
„Zergliederung" des Themas und Verarbeitung einzelner „Clauseln" (Riepel) und „Glieder" (Koch) betont, und auf die mehr-
stimmige (nicht kontrapunktische) Setzweise des neuen Stils, auf
das „obligate Accompagnato", hingewiesen wird: „Unterweilen
hört man in einem Allegro, Adagio usw. zwey ganz unterschiedene
Clauseln. Es mögen einem Componisten dann und wann zufäl-
liger weise auch wohl gar drey unterschiedene entwischen; ich
dächte aber diesfalls lieber sparsam zu seyn, damit eine solche
unterschiedene Vielheit nicht mehr verderbe als gutmache, wovon
ich aber die Wiederholungen, die Zergliederung des Themas aus-
nehme. Manche Clausel ist geschickt, dass sie auch der Funda-
mental-Bass über sich nehmen und wiederholen kann, oder sie
wird beym ersten Entwurf zugeschnitzt und darnach eingerichtet;
wo sodass in den äusseren Stimmen ein ganz anderer Gesang
drüber formirt wird. Dieser neu formirte Gesang kann vielleicht
abermal in den Bass übersetzt werden, und was derley Erfindungen mehr sind. Jedoch alles ohne Zwang."

Zum Schluss sei die Formanalyse von zwei Symphonien
Riepels angegeben, um zu zeigen, wie Praxis und Theorie bei
Riepel in Uebereinstimmung stehen. Riepel betont schliesslich ja
selbst, dass unmöglich „ein Komponist immer alles nach den
blossen Regeln zusammensetzen" könne, und man sich nie ein-
bilden solle, „man müsse just so, und nicht anders setzen. Nulla
regula sine exceptione". Und da bei Riepel wie wohl nicht leicht
bei einem anderen Theoretiker die Praxis für die Aufstellung
der Lehrsätze entscheidend ist, so muss von selbst sein prakti-
sches Schaffen eigentlich nur eine weitere Beispielsammlung für
seine Theorie darstellen. – Die Symphonien Riepels basieren
auf dem Formschema, das Riepel in seinem Lehrbuch angibt.

Die erste Symphonie ist ohne eigentliche Durchführung, bringt nur das Hauptthema in der Dominante, entspricht also Riepels Schema: C–G–C. Die Durchführung der zweiten Symphonie dagegen verarbeitet Motive aus dem Hauptthema, moduliert zur Tp und leitet mit einem Orgelpunkt – ähnlich dem oben angegebenen, jedoch in Form einer den Kopf des Hauptthemas benützenden Crescendowalze – zur Reprise über. Die Symphonie bringt also das Schema: C–G–a–C. Das Hauptthema der Symphonien beruht auf den bekannten, von der italienischen Opernsymphonie übernommenen, scharf rhythmisierten Dreiklangszerlegungen, wie sie bis in die Klassik hinein gebräuchlich sind. Einen stark ausgeprägten kantablen Zug weist das Seitenthema auf, das sogar sehr volkstümlich wirkt und süddeutsch-italienischen Einfluss (Pergolesi und dessen Stabat mater erwähnt Riepel) zeigt. Wir finden im Epilog bereits eigene Motivik und in der Durchführung eine „Zergliederung" der Thematik. Sehr vollkommen ausgearbeitet ist die Reprise, die das Material der Exposition auf tonaler Grundlage vollständig bringt und mit einer Coda schliesst, die auf den Epilog und das Hauptthema zurückgreift. Die Analyse der beiden Symphonien mit Themenangabe lautet:

1. Symphonie à 2 Violini, 2 Oboi, 2 Corni, 2 Clarini, Violetta e Basso (D-dur).

Exposition: HTh ¹)   T   15 Takte

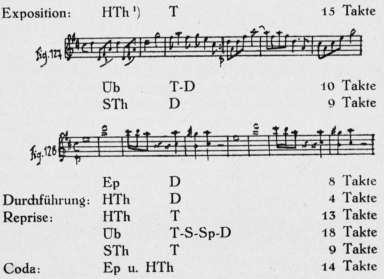

Üb	T-D	10 Takte
STh	D	9 Takte

Ep	D	8 Takte
Durchführung: HTh	D	4 Takte
Reprise: HTh	T	13 Takte
Üb	T-S-Sp-D	18 Takte
STh	T	9 Takte
Coda: Ep u. HTh		14 Takte

---

¹) HTh = Hauptthema; Üb = Überleitung; Sth = Seitenthema; Ep = Epilog.

2. Symphonie à 2 Violini, Violetta e Basso (D-dur):

Exposition: HTh   T   15 Takte

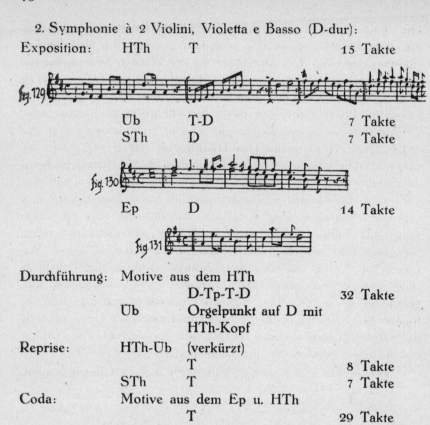

              Üb   T-D   7 Takte

              STh   D   7 Takte

              Ep   D   14 Takte

Durchführung: Motive aus dem HTh

                          D-Tp-T-D   32 Takte

               Üb   Orgelpunkt auf D mit

                          HTh-Kopf

Reprise: HTh-Üb (verkürzt)

                          T   8 Takte

              STh   T   7 Takte

Coda: Motive aus dem Ep u. HTh

                        T   29 Takte

3. Die Tonordnung des Menuetts.

Riepel stellt an den Anfang seines Lehrbuches eine Betrachtung des Menuetts, das nach Koch „vor allen andern Tanzmelodien am öftersten in unsere modernen Tonstücke aufgenommen wird", um anhand dieses einfachen Instrumentalstückes „den Schüler" in die Probleme der grösseren Formen einzuführen. „Wir wollen ganz klein . . . . . damit anfangen, um nur bloss was grösseres und lobwürdiges daraus zu erlangen." [1]

Der formale Aufbau des Menuetts wird von Riepel nicht weiter berührt. Seine Beispiele beruhen entweder auf einer 16-

---

[1] Die erhaltenen Notenheftchen W. A. Mozarts zeigen übrigens, dass auch Leopold Mozart grosse Vorliebe für das Menuett im ersten Unterrichte seines Sohnes zeigte. Vielleicht besteht hier eine unmittelbare Einwirkung des Lehrbuches Riepels, das ja, wie oben angegeben, im Besitze der Familie Mozarts war.

oder 32taktigen Periode, sind also zweiteilig; die Modulation erfolgt im ersten Teil zur Dominante, im zweiten zurück zur Tonika. Die Durchbildung der dreiteiligen Form A – B – A, ähnlich dem Sonatensatz ist noch nicht zu erkennen. Riepel hatte offensichtlich mehr das Menuett „zum Tanzen" als zum „Spielen" im Auge. – Für das Menuett fordert er Geradzahligkeit der Takte, die – „in allen Kompositionen dem Gehör angenehm" – „sonderlich zu einem Menuett" erforderlich ist. Beide Teile des Menuetts sollen „insgemein nicht mehr, denn acht Takte enthalten"; jedoch können Dehnungen und Wiederholungen vorkommen. In diesem Punkte schliesst er sich also noch ganz den Definitionen Matthesons und Niedtens an. So muss auch nach Mattheson die Anzahl der Takte „4 oder 8 in der 1. und ebensoviel in der anderen Reprise sein, oder doch wenigstens . . . . . keinen ungeraden Nummerum der Tacte haben, auch bey nicht weniger als 4 zehlen." [1]) Nach Niedt hat das Menuett ebenfalls „zwey Reprisen: davon jede zum wenigstens 8 Mesures, und nicht mehr als 16 haben muss." [2]) – Nach Riepel haben ferner beide Reprisen durch gleiches Motivmaterial „zusammenzuhängen", „weil zu einem Menuett ebensowohl ein ganzer Zusammenhang gefordert wird, als zu einem Konzert, einer Arie oder Symphonie usw.." In der Regel volltaktig beginnend, hat das Menuett in allen Teilen den Auftakt zu erhalten, wenn der Beginn ihn aufweist. Besonders klar vertritt Kirnberger, wie Riemann bereits hervorhebt, [3]) die Ansicht, dass volltaktige Abschnitte nicht ebenso weiter gehen müssen: „Wenn der erste Einschnitt mit dem Niederschlage anfängt, so können doch die folgenden im Aufschlage anfangen; fängt aber das Stück im Aufschlage an, so müssen ordentlicherweise auch die folgenden im Aufschlage anfangen." [4]) – Bis zur Kadenz sollen nur „vollkommene oder unvollkommen erhebende Noten" gebraucht werden und nur weibliche Schlüsse die Absätze aufweisen. Riepel will also keine volltaktigen Noten vor der Kadenz in der Melodiebildung angewandt wissen. Vgl. aber Beethoven op. 18 Nr. 2 Trio:

Fig 132

---

[1]) Mattheson: Neueröffnete Orchestre (1732) S. 193.
[2]) Niedt: a. a. O. II S. 99 und 100.
[3]) Riemann: Geschichte der Musiktheorie S. 496 Anm.
[4]) Kirnberger: a. a. O. I S. 149.

Als die gewöhnlichsten und besten rhythmischen Figuren für das Menuett gibt Riepel folgende an:

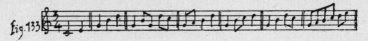

nur „durchschlüpfend" zu gebrauchen:

Der punktierte Rhythmus hat nur mit weiterführender Achtelbewegung aufzutreten. Vgl. Mozart „Kleine Nachtmusik" Trio:

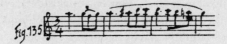

Wie Sulzer,[1]) verlangt er im Menuett gewöhnlich einen reinen zweistimmigen Satz. Der Bass vertritt also in diesem Falle „bisweilen die Violini secundo" und muss „gemeiniglich in Viertelnoten (Sulzer: „in blossen Vierteln") hie und da terzweise gehen."

Vgl. Haydn: Symphonie Nr. 13 Menuett, Takt 19 u. folg.

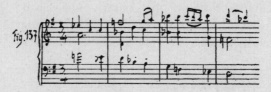

Suitenartige, komplementäre Stimmführung zwischen Hauptstimme und Bass, wie sie in folgendem Menuett aus der Frühzeit Mozarts

---

[1]) Sulzer a. a. O. S. 720.

(abgedruckt in R. Haas' Mozartbiographie 1932, S. 50) sich noch vorfindet:

lehnt Riepel ab und will dem Bass nur „süsse Wiederholungs-Clausel angedeyhen lassen."

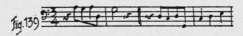

Während Sulzer für das Trio durchaus einen dreistimmigen Satz fordert, lässt Riepel dem Komponisten bereits volle Freiheit: „Das Menuet-Trio sollte von rechtswegen in 3 Stimmen bestehen, daher es seinen Namen hat. Man nimmt es aber dermalen nicht mehr so genau." Die Menuette haben stets in Dur zu stehen, während die Trios auch Mollcharakter annehmen können.

4. Die Tonordnung des Konzertsatzes.

Adolf Chybinski hat darauf hingewiesen, dass bei Riepel als erstem Theoretiker eine entsprechende Definition der Bezeichnung „Konzert" zu finden sei. Die landläufige Ableitung des „concerto" vom lateinischen concertare = wetteifern, die z. B. auch Schering in seiner „Geschichte des Instrumentalkonzerts" beibehält, beruft sich auf die Definition von M. Prätorius: [1] „. . . . daher auch das Wort concerti sich ansehen lässt, als wenn es vom lateinischen verbo concertare, welches miteinander scharmützeln heisst, seinen Ursprung habe." H. Daffner [1] bekennt sich zu der von der Sprachwissenschaft aufgestellten Ableitung des concerto von conserto, sodass concerto soviel wie Zusammenspiel, Zusammenklang von Stimmen und Instrumenten bedeutet. Als Beleg dafür gibt Daffner die Ueberschrift der 1607 von Agazzari herausgegebenen Generalbass-Abhandlung an: „Del suonare . . . . . et uso loro nel conserto". Nach Chybinski bezeichnet aber keiner der damaligen Komponisten eine Komposition mit conserto und „die Beschaffen-

---

[1] M. Prätorius: Syntagma musicum: (1615–1620) S. 54.
[2] H. Daffner: Die Entwicklung des Klavierkonzerts bis Mozart Leipzig 1906 S. 1–3.

heit der ältesten wie älteren Konzerte und der im konzertierenden Stil komponierten Werke lehrt uns, dass es dabei ebenso von miteinander streiten wie zusammenspielen bezw. zusammenklingen gesprochen werden darf." Mattheson schliesst sich ebenfalls an Prätorius an, wenn er erklärt:[1] „dass der Name von certare = streiten, herkömmt, und soviel sagen will, als ob in einem Solo-conzert eine oder mehrere Singstimmen, mit der Orgel, oder untereinander gleichsam einen Kunst-Streit führten, wer es am lieblichsten machen könne." [2] Und Koch spricht von „einer leidenschaftlichen Unterhaltung des Konzertspielers mit dem ihn begleitenden Orchester."

Während diese Theoretiker also nur die Gegenüberstellung zweier Gruppen betonen, fasst Riepel in seiner Definition das Zusammenspiel und das „Miteinanderstreiten" unter den Begriff concertare zusammen: „Conzert hat seinen Namen von concer-tare, welches sonst mit einander streiten heisst; auch sich mit einander verstehen; oder ein Ding mit einander abtrechen." So kommt er zu der Feststellung, dass jedes Zusammenspiel zweier verschiedener Instrumente eigentlich ein Konzert darstelle und „man ein Violin-Solo (Sonate) ebenfalls Konzert nennen könne, weil der Bass mitkonzertirt, oder doch vereinbarlich erheben hilft."

Riepel hält in seiner Darlegung der formalen Anlage des Konzerts nicht mehr die Rondoform Vivaldis fest; vielmehr lassen seine Ausführungen den Durchbruch der Sonatenform im Konzert bereits erkennen. So fordert er anstelle des früheren Modulationszirkels das dreiteilige Modulationsschema auch für das Konzert; T–D, D–Tp, Tp–T. Der Konzertsatz weist nach Riepel gewöhnlich drei Hauptsoli und vier Haupttutti auf, eine Anlage, die wir in den Berliner Konzerten der Zeit (Phil. Em. Bach, Nichelmann) am häufigsten antreffen.[3] Auch nach Koch enthält das erste Allegro des Konzerts „drey Hauptperioden, welche der Konzertspieler vorträgt, und die von vier Neben-perioden eingeschlossen sind, die von dem Orchester als Ritor-nelle vorgetragen werden."

---

[1] Mattheson: Kern melodischer Wissenschaft 1737 S. 107.

[2] Mattheson hat noch mit dieser Erklärung nur das Kirchenkonzert, die Gegenüberstellung von Stimmen und Instrumenten (Orgel), als die ursprünglichste Form des Konzertierens im Auge.

[3] Vgl. Hans Uldall: Das Klavierkonzert der Berliner Schule und ihres Führers Phil. Em. Bach (1927).

Das Anfangstutti hat stets ausführlicher zu sein, schreibt Riepel, da hier das ganze Themenmaterial aufgezeigt werden soll. Ebenso Koch: „Das erste Ritornell pflegt man in den modernen Conzerten sehr lang auszuführen. Es bestehet aus den vorzüglichsten melodischen Theilen, die zur Anlage des Allegro gehören. Von den Mitteltuttis verlangt Riepel dagegen, dass sie kurz gehalten werden, um das Solo, dem ja der Vorrang gebührt, nicht zu überdecken." Riepel betont also bereits, dass die Soli nicht mehr durch kurze Tutti unterbrochen werden, sondern eine breitere Fläche erhalten sollen, wie es Tartini zum ersten Male in seinen Konzerten zeigt. Das erste Mitteltutti steht in der Dominante (in Moll in der Paralleltonart) und hat das Anfangstutti gekürzt wiederzubringen. Das zweite Mitteltutti beginnt in der parallelen oder einer anderen meist terzverwandten Tonart und moduliert zur Haupttonart zurück. Es soll sich „eines Gegensatzes vom Thema bedienen", damit der Anfang des Themas „nicht gar so oft angehört werden dörffe". Das Schlusstutti steht wieder in der Haupttonart und hat „in Kürze" mit einem Motiv aus dem Hauptthema „den Kehraus zu machen"; „ja, das allerletzte Tutti bestehet manchmal nur in zwei oder drei Takten; gleichsam als wollte es dem Solo zurufen: vivat! bravo! schön!" Koch bestimmt noch genauer: „Das Schlussritornell pflegt aus den letzten melodischen Theilen des ersten Ritornells zu bestehen." Vgl. Mozart: D-Violinkonzert (K. 218): Epilog des Anfangsritornells und Schlussritornell:

Fig. 140

Das Beispiel, das Riepel für ein Anfangstutti gibt, entspricht bereits der Anlage, wie sie die Konzerte der Berliner Schule aufweisen. Das Anfangsritornell der Vivaldischen Konzerte bestand nur aus einem „solchen Perioden, in welchem die Modulation (kleine durchgehende Ausweichungen ausgenommen) sich durch den ganzen Satz hindurch in der Haupttonart aufhält" (Koch) und nur ein kurzer Hauptgedanke mit nachfolgender Sequenzkette auftritt. Vgl. Vivaldi: Violinkonzert in a:

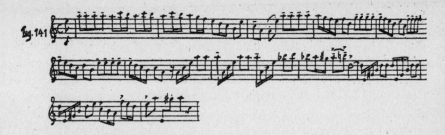

Riepels Beispiel aber:

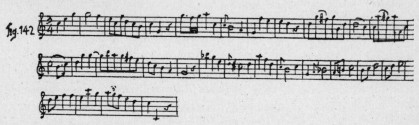

zeigt bereits die typische Vierteilung auf, die Uldall für das Klavierkonzert der Berliner Schule angibt:

   a) Kopfmotiv

   b) Kontrastglied (zweites Thema)

   c) Sequenzglied

   d) Kadenz in der Tonika.

Nach Koch ist das erste Ritornell entsprechend dem Riepelschen
Beispiel „dergestalt geformt, dass zwar die Modulation förmlich
in die Tonart der Quinte geleitet, und nach dem Quintabsatze
derselben ein melodischer Haupttheil in dieser Tonart vorgetragen
wird. Unmittelbar hernach aber wird, ohne in dieser Tonart förmlich zu schliessen, die Modulation wieder in den Hauptton zurück-
geführt und das Ritornell derselben geschlossen. Diese lezte Form
ist in den neuern Conzerten die gewöhnlichste."

Die drei Hauptsoli haben vor allem die modulatorische Aufgabe zu lösen. Erstes Solo: T-D, zweites Solo: D–P, drittes
Solo: T. Das erste Solo kann bei Vivaldi nach Schering einen drei-
fachen Charakter haben. Entweder weist es nur brillantes, aber
„nichtssagendes" Figurenspiel in Dreiklangsbildungen auf, oder
nimmt das Tuttimotiv notengetreu, höchstens mit kleinen Modifi-
kationen auf, oder bringt schliesslich ein völlig neues, charakter-
volles Gegenthema. Mit dem Durchdringen der Sonatenform

innerhalb des Konzertsatzes, die eine Wiederholung der Tutti-
exposition durch das Solo bringt, wird der zweite Fall, das Auf-
nehmen des Tuttithemas durch das Solo zur Regel. Scheibe hält
beide Arten des Soloeinsatzes, mit und ohne Tuttithema, für gleich-
berechtigt:[1] „sie (die Konzertstimme) kann aber entweder mit dem
wiederholten Hauptsatze, den das Ritornell zuvor gespielt hat,
denn auch mit einem ganz neuen Satz anfangen." Quantz fordert
sogar nach Umständen einen Solobeginn mit neuem Thema, wenn
er schreibt:[2] „Sofern der Anfangsgedanke vom Ritornell nicht
singend, noch zum Solo bequem ist, so muss man einen neuen
Gedanken, welcher jenem nicht entgegen ist, einführen, und mit
dem Anfangsgedanken dergestalt verbinden, dass man nicht be-
merken könne, ob solches aus Noth, oder mit gutem Bedachte
geschehen sey." Riepel wehrt sich jedoch bereits dagegen, das
Solo mit einem vollständig fremden Thema zu beginnen: „Mein
Herr sagt, man müsse das Solo ganz anders anfangen als das
Thema. Präc.: Also weiss dein Herr nicht einmal, was Thema
heisst. Warum sagt er nicht gar, es müsse ein jedes Tutti für
für sich, gleich wie auch ein jedes Solo ganz anders anfangen;
so könnte man aus einem einzigen seiner Concerte gleich ein
ganzes Dutzend machen." Jedoch lässt er zu, das Solo mit einer
beliebigen Motivgruppe des Ritornells zu beginnen. So entnimmt
Riepel aus obigem Ritornell folgende Soloeinsätze:

In Ausnahmefällen kann die von Quantz angegebene Art der
Verbindung eines fremden Soloteils mit dem Hauptthema in der
Begleitung erfolgen:

Vgl. Riepels Schlußsatz aus dem B-Violinkonzert:

Tuttibeginn:

[1] Scheibe a. a. O. S. 631.
[2] Quantz: a. a. O. XVIII § 33.

Solobeginn:

Vgl. Mozarts Klavierkonzert (K. 415). Wie Koch verlangt auch Riepel ausdrücklich, dass das erste Solo nicht mit dem Schlusston des Ritornells eintritt, „sondern frei nach völlig vollbrachtem Schlusse des Ritornells anfängt", um den ersten Einsatz des Solos klar herauszustellen; die folgenden Einsätze können dann eine Verschränkung mit dem Schlusstakt des Ritornells eingehen. Das zweite Solo bringt eine Art Durchführung, bei der das Tutti „mit seinen Gegensätzen während dem Solo bald hier, bald dort einen Einfall macht". Hier soll also vor allem das konzertierende Element, das Wechselspiel zwischen Solo und Tutti hervortreten. Koch sagt vom Mittelsolo geradezu, es habe „die nemliche äusserliche Einrichtung, und den nemlichen Gang der Modulation" wie „der zweite Perioden" (Durchführung) der Symphonie. Das letzte Solo greift auf das erste zurück, denn „man darf nicht (wie Quantz sich ausdrückt) mit lauter neuen Gedanken schliessen, man muss vielmehr die gefälligsten Gedanken von dem, was vorher gehört worden, im letzten Solosatze wiederholen."

Ergebnis: Wir können also in Riepels Darlegungen bereits die Umwandlung des Konzertsatzes von der rein konzertierenden Form zur Sonatenform erkennen. Einem die wesentlichsten Teile der Sonatenexposition enthaltenden Ritornell folgt das Solo mit gleichem Themenmaterial, das also die Wiederholung der Exposition in der Symphonie vertritt. Es moduliert zur Dominante, in der das zweite Mitteltutti, gewöhnlich Hauptthema und Epilog gekürzt wiederholend, abschliesst. Zweites Solo und zweites Mitteltutti bringen thematische Verarbeitung in konzertierender Form, also die Durchführung, modulieren zur Parallele und schliessen in der Tonika ab. Das letzte Solo und Schlussritornell haben als Reprise zu gelten, wenn diese auch gern verkürzt, ohne Hauptthema, ausgeführt wird. Es ergibt sich also nach Riepel folgendes Formschema:

Exposition:

	Anfangstutti:	HTh		T
		STh		
		Ep		
	1. Solo:	HTh ⎱		T–D
		STh ⎰ erweitert		
		Ep		
	1. Mitteltutti:	Motiv aus d. HTh	D
		Ep		
Durchführung:			
konzertierend	2. Solo:	Motive aus d. Exp.	D–P
		Figuration	
	2. Mitteltutti:		P–T
Reprise:	3. Solo:	HTh ⎱		T
		STh ⎰ verkürzt	
		Ep		
	Schlusstutti:	Ep 4–5 Takte	T

Nun folge noch eine Gegenüberstellung der Formanalyse eines Violinkonzerts Vivaldis mit der von drei Violinkonzerten Riepels, die anzeigt, wie auch die Konzerte Riepels bereits obiges Formschema aufweisen. Bei Vivaldi finden wir noch kein Seitenthema, keine Andeutung einer Reprise, eine stete Abwechslung zwischen Tutti und Solo. Die rondoartige Wiederkehr des Hauptthemas auf modulatorischer Grundlage bildet das Formgerüst. Bei Riepel erkennen wir dagegen bereits eine ausgebildete Exposition und Reprise; die Mitteltutti schliessen epilogartig die Soli ab; die drei Hauptsoli sind breit ausgesponnen und bereits mit Kantilenen-Episoden ausgestattet. So weist folgendes Seitenthema aus Riepels G-Violinkonzert:

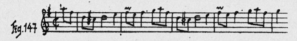

parallele Züge mit Mozart'scher Thematik auf:

Vgl. Mozart D-Violinkonzert (K 218) 1. Satz, Takt 120 u. folg.:

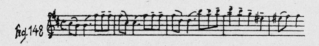

Und aus gleicher Quelle schöpft Riepel als Oberösterreicher, wenn er Motive aufnimmt, die, wie Haas (Mozart-Biographie S. 7 f.) nachweist, Mozart aus dem heimatlichen Volkslied entnimmt und zu Stileigentümlichkeiten seiner Werke macht; wie z. B. folgenden Quartenwiederschlag:

Vgl. Riepel B-Violinkonzert:

Vgl. Mozart: D-Violinkonzert (K. Nr. 218):

Anstelle des gebrochenen Akkordspiels Vivaldis setzt Riepel reichste Figuration; „durchgehende – verwechselte – und ausschweifende Noten", wie er sie nennt, werden in allen möglichen Varianten verwendet, z. B. in chromatischen Gängen oder besonders in Verbindung mit dem lombardischen Geschmack:

An den Schöpfer des trille du diable erinnert folgender Uebergang aus dem g-Violinkonzert, das mit der Teufelssonate übrigens die Tonart gemeinsam hat, wenn aus dem pp aufsteigend die Trillerfiguren der Solovioline in das Forte-Martellé gebrochener doppeltverminderter Septimenakkorde, der „chromatischen Akkorde", (Riepel), einmünden:

Vivaldi: a–Violinkonzert:

Anfangstutti:	HTh Sequenzkette	a	12 Takte
1. Solo:	HTh	a–C	9 „
1. Mitteltutti:	HTh	a	2 „
2. Solo: Sequenz:	Motiv a. HTh	a–e	12 „
2. Mitteltutti:	HTh	e	9 „
3. Solo:	HTh-Kopf	e–a	13 „
3. Mitteltutti:	HTh-Kopf		2 „
4. Solo:	Figuration	a–e	9 „
4. Mitteltutti:	Ep aus HTh	a	2 „
5. Solo:	Figuration		3 „
Schlusstutti:	Ep aus HTh		6 „

Riepel: B–Violinkonzert:

Exposition:

Anfangstutti:	HTh	B–F (HS)	4 Takte	⎫
	STh	F	4 „	⎬ 20
	Ep Sequenz	G–c, F–B	4 „	
	Kadenzierung	F–B	8 „	⎭
1. Solo:	HTh ⎫ erweitert	B–F	14 „	⎫ 18
	STh ⎭	F	4 „	⎭
1. Mitteltutti:	HTh	F	4 „	⎫
	Ep a. d. Anfangs-			⎬ 11
	tutti	F	7 „	⎭

Durchführung:

2. Solo:	Motive a. d. HTh	F	8 „	⎫
	u. Ep mit 1taktigen			
	Tuttieinwürfen			⎬ 22
	Figuration	F–D (HS)	6 „	
	Motiv a. d. STh	g	8 „	⎭
	und Ep			
2. Mitteltutti:	Motiv a. d. Ep	g–B	6 „	6

Reprise:

3. Solo:	HTh m. Figurat.	B	20 „	⎫
	STH	B	4 „	⎬ 31
	Ep	B	7 „	⎭
Schlusstutti:	Ep des Anfangs- tutti	B	5 „	5

Riepel: g–Violinkonzert:

Exposition:

Anfangstutti:	HTh	g	4 Takte	
	STh „Rosalie"	B–F, C–G A–d	6 „	19
	Ep neues Motiv	d–g	9 „	
1. Solo:	HTh	g	11 „	20
	STh	B	9 „	
1. Mitteltutti:	Ep	B	8 „	8

Durchführung:

2. Solo:	3. Epilogmotiv, Passagen in Sequenzform	B–d	22 „	22
2. Mitteltutti:	Ep	d	7 „	7

Reprise:

3. Solo:	HTh	d	6 „	
	STh verkürzt	B	2 „	24
	Ep grosse Steigerung mittels 2. Epilogmotivs	B–g	16 „	
3. Mitteltutti:	HTh u. 1. Epilog mit dem Solo motiv konzertierend	g	12 „	12
Schlusstutti:	3. Epilogmotiv	g	3 „	3

Riepel: G–Violinkonzert:

Exposition:

Anfangstutti:	HTh	G–D (HS)	8 „	
	STh	D	4 „	25
	Ep	G	13 „	
1. Solo:	HTh	G–D (HS)	8 „	
	STh	D	4 „	33
	Ep mit neuem Motiv, Begl. Terzenmotivik m. e. Fig. a. d. HTh-Kopf	D–A (HS) – D	21 „	

1. Mitteltutti: HTh u. Motiv a. d. D   14 Takte   14
       Soloepilog

Durchführung:

2. Solo: STh   D   8 „
          melod. Ver-   D–G, H–e,   7 „
          arb. d. STh,   fis–h   } 35
          Sequ. Spiel-   h–e   20 „
          fig. a. d. Solo-
          ep. zu Passa-
          genverarb.

2. Mitteltutti: Spielfigur a.d. HTh   e–D   8 „   8
          und Ep.

Reprise:

3. Solo: HTh-Kopf zur   D–G   2 „
          Überleitung
          HTh   G   6 „   } 43
          Ep   G   35 „

Schlusstutti: Schluss des Ep. G   4 „   4

Einer besonderen Betrachtung unterzieht Riepel schliesslich noch die **Fermakadenz** im Konzert. Mit Quantz versucht er zum ersten Male einige Richtlinien für diese Improvisationen innerhalb eines Musikstücks zu geben. [1] Ueber die Entwicklung der Kadenz schreibt Agricola in seinen Anmerkungen zu Tosis Anleitung zur Singekunst S. 195 ff.: „In den alten Zeiten wurden die Hauptschlüsse, welche man in eigentlichem Verstande Cadenzen nennt, nur so ausgeführet, wie sie, dem Takte gemäss, geschrieben werden. Auf der mittelsten Note wurde ein Triller gemacht. Hernach fieng man an, auf der Note vor dem Triller eine kleine willkührliche Auszierung anzubringen; wenn nämlich, ohne den Takt aufzuhalten, Zeit dazu war. Darauf fieng man an, den letzten Takt der Singstimme langsamer zu singen, und sich

---

[1] Hiller: Wöch. Nachricht. 1766 S. 18: „Wir haben nirgends diese Materie so ausführlich erörtert gefunden und empfehlen sie allen . . . . zur . . Betrachtung, welche . . die Ohren der Zuhörer bisweilen mit diesem melodischen Nichts zu erfüllen" haben. Man wird es ihm danken, „dass er eine Sache, wovon öfters kein Mensch weiss, was sie . . . sagen soll, auf vernünftige Regeln der Wiederholung oder Nachahmung zu gründen sucht, um sie nicht bloss ein Werk des Ohngefährs seyn zu lassen."

etwas aufzuhalten. Endlich suchte man diese Aufhaltung durch allerhand willkührliche Passagien, Läufe, Ziehungen, Sprünge, kurz, was nur für Figuren der Stimme auszuführen möglich sind, auszuschmücken. Diese sind nun noch heutiges Tages üblich: und werden itzo vorzugsweise Cadenzen genennet. Sie sollen zwischen den Jahren 1710 und 1716 ihren Ursprung genommen haben." Schering[1]) aber weist auf Beispiele Torellis hin, die bezeugen, „dass die Kadenzen in der instrumentalen Konzertpraxis 1705 längst üblich waren."

Scheibe lässt noch dem Spieler volle Freiheit:[2]) „Sonst pflegt man auch der Konzertstimme, wenn sie ihre letzte Hauptkadenz in den Schlusston des Konzerts machet, und zwar vornehmlich in dem ersten oder letzten Satz, Gelegenheit zu geben, sich nach eigenem Gefallen besonders hören zu lassen, und sich also in der Kadenz aufzuhalten. Ein geschickter Musikant kann allhier nach seiner ihm bey wohnenden Geschicklichkeit, und nach seinen eigenen Einfällen verfahren, und ein sogenanntes Capriccio anhängen. Wiewohl auch einige Komponisten selbst ein solches Capriccio vorzuschreiben pflegen. Es dünket mich aber besser zu seyn, wenn man demjenigen, welcher die Konzertstimme spielet, ohne Vorschrift, Freyheit lässt, damit zu verfahren, wie er will, und die Kadenz entweder auszuarbeiten, oder nicht, nachdem es etwa seine Kräfte zulassen, oder nachdem er sich sonst dazu aufgelegt befindet." Riepel und Quantz dagegen betonen, dass die Kadenz nicht – wie es die Praxis zeigt, – willkürliche Tonfolgen enthalten dürfe, sondern die Verarbeitung von vorhergegangenen Motiven bringen soll. So Riepel: „Die Kadenz soll den ganzen Inhalt der Arie in Kürze vorstellen, und gleichsam wieder in das Gedächtniss bringen. Ich weiss es gar wohl; allein hier und da übrigens wackre Künstler auf der Violine, haben dieses Gebot bereits vor mehreren Jahren aufgehoben.[3]) Quantz schreibt:[4]) „Die Kadenzen müssen aus dem Hauptaffekt des Stückes fliessen und eine kurze Wiederholung oder Nachahmung der gefälligsten Clauseln, die in dem Stücke enthalten sind, in sich fassen." Die Kadenz bedeutet also für die beiden Theoretiker

---

[1]) A. Schering: a. a. O. S. 111.
[2]) Scheibe: a. a. O. S. 636.
[3]) Er erwähnt dabei auch die „weitbekannten Capricci" Locatellis.
[4]) Quantz: a. a. O. S. 54.

eine Art zweite Durchführung. An der Kadenzbildung im älteren Sinne, die nur die Länge eines Atemzuges aufweist, halten beide Theoretiker nicht mehr streng fest; nur für die Singstimme und für ein Blasinstrument will Quantz sie noch bestehen lassen. So Quantz: „Die Kadenzen für eine Singstimme oder ein Blasinstrument müssen so beschaffen seyn, dass sie in einem Athem gemachet werden können. Ein Saiteninstrumentist kann sie so lang machen, als ihm beliebet." Und Riepel: „Es ist ja eine uralte Regel, dass die Kadenz in einem Athemzug gebracht soll werden." Jedoch „der Geschmack lässt sich von der Regel nicht so geheb einschränken."

Bei den Kadenzen ist nach Riepel zwischen ein- und zweistimmigen zu unterscheiden. Die einstimmige Kadenz hat, da sie ohne Rücksicht auf eine andere Stimme gebildet wird, die grösste Freiheit. Sie baut sich auf dem vorhergehenden Hauptsatz entnommene Motive auf, wobei die Wiederholung in ihren verschiedensten Variierungen, wie „gleichförmige" (notengetreu), ungleichförmige (Wiederholung auf verschiedener Tonhöhe) und „abweichende" (verkürzte, dem Tempo nach verschiedene, oder durch Verzierungen verdeckte Wiederholung), die grösste Rolle spielt. So gewinnt Riepel aus den Motiven des folgenden Ritornellbeginns:

die verschiedensten Arten von Kadenzen, z. B. aus dem ersten Taktmotiv:

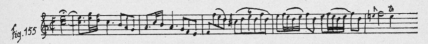

aus dem zweiten und vierten Taktmotiv:

aus dem zweiten, vierten und dritten Taktmotiv:

Nach Quantz hat die Kadenz die Grundtonart nach Möglichkeit
wenig zu verlassen und nur in die Quart- oder Quinttonart aus-
zuweichen, vor allem wenn sie kurz gebildet ist, während Riepel
auch Ausweichungen in die Tonarten der übrigen Stufen zulässt.
So führt er in folgender Kadenz den „Neapolitaner" ein. Auch
hier wird, wie im g-Konzert, die Chromatik der kleinen Septime
herausgestellt, die sich bis Beethoven, für den sie ein Lieblings-
akkord wird, steigender Beliebtheit erfreut:

Die zweistimmigen Kadenzen sind vor allem deswegen weniger
willkürlich zu gestalten, da sie sich gegenseitig harmonisch bedingen. Sie können in zweifacher Weise gebildet werden. Die
einfachste Art ist die, welche beide Stimmen in Terz- und Sexten-
gängen kadenzieren lässt. Die zweite Art beruht auf dem Prinzip
der Nachahmung oder „Certation". Die Gesetze der Auflösung
und Bindung der einzelnen Intervalltöne sind dabei streng zu
beobachten. Hier wirkt das echoartige Wechselspiel der Concerto
grosso-Zeit noch stark nach. Z. B.

Die Doppelkadenzen können länger gestaltet werden als die ein-
fachen, „weil die darinnen enthaltene Harmonie dem Gehör nicht
so leicht verdrüsslich fällt." Beide Theoretiker wenden sich
schliesslich gegen die Häufung von Kadenzen. Riepel schreibt:
„Eine einzige Kadenz wäre für mich genug, nämlich in den
Arien am Ende des zweyten Teils, und in einem Conzert oder
Solo am Ende des Adagio." Quantz meint: „Die Absicht einer
Cadenz ist keine andere, als die Zuhörer noch einmal bey dem
Ende unvermuthet zu überraschen, und noch einen besondern
Eindruck in ihrem Gemüthe zurückzulassen. Deswegen würde
dieser Absicht gemäss, in einem Stücke eine einzige Cadenz

genug seyn." Nach Uldall dagegen finden sich in Nichelmanns
Klavierkonzerten oft drei Kadenzen in einem Satz.

Bei beiden Theoretikern steht noch nicht die Forderung, dass
der Kadenz der Quartsextakkord der Tonika vorherzugehen hat,
der sich auch in den praktischen Werken der Zeit noch nicht durchgehends findet. Phil. Em. Bach hat zum ersten Male darauf hingewiesen:[1] „Bey dem Eintritte der verzierten Cadenzen, sie mögen
durch ein Ruhezeichen in der Grundstimme angedeutet seyn oder
nicht, hält der Accompagnist den Sextquartakkord eine Weile aus,
und ruhet hernach so lange, bis bey dem Ende der Cadenz die
Hauptstimme durch einen Schlusstriller, oder andere Figuren, die
Auflösung des erwähnten Accordes nothwendig machet, welche
alsdann durch den Dreyklang......auf dem Klavier vor sich gehet."

Schlussergebnis:

Josef Riepel versucht als erster Theoretiker die in der Motivbildung selbst liegenden Formgesetze zu erfassen. Die grund-
legenden Begriffe der modernen Formenlehre werden von ihm
zum ersten Male aufgestellt und die periodisierte Melodie des im
18. Jahrhundert sich entwickelnden neuen Stils erhält eine erste
theoretische Betrachtung. So zeigt Riepel die Gegenüberstellung
von Einzelmotiven, ihre Fortführung zu einem vollständigen Satz,
der auch in seiner schlichten Form nicht einem normativen Grundschema unterworfen, sondern in seiner Ausdehnung dem zugrunde liegenden Motivkomplex entsprechend variabel ist. Tritt die
Periode auch erweitert oder verkürzt auf, so hat sie für die gross-
formale Anlage dennoch nur als Periode von normaler Ausdehnung
zu gelten. Motivwiederholung, Schlussverbreiterung, Einschiebsel,
Elision und Takterstickung, von Riepel in die Formenlehre ein-
geführte Begriffe, werden bereits sehr erschöpfend dargestellt.

Harmonisch gesehen, stellt die Periode nach Riepel nur eine
ausgedehnte Modulation von der Tonika zur Dominante und
zurück dar. Die harmonische Verbreiterung dieser Modulation erfolgt nach der Kadenzierung in der Dominante. Ein wesentliches
Mittel hierzu bildet die Sequenz, deren Verwendung im neuen
Stil von ihm eine besondere Darstellung erfährt.

---

[1] C. Phil. Em. Bach: Versuch über die wahre Art, das Klavier zu spielen
(1753–62) S. 72.

Riepel hält ferner bereits die wesentlichsten Merkmale des klassischen Sinfonie- und Solokonzertsatzes fest, wie Doppelthematik, Durchführung, Reprise, Kontrastierung innerhalb der kleinsten Satzteile, auf „Zergliederung" der Themen beruhende Stimmführung mit freiem, von barocker Gebundenheit gelösten Basse. Schliesslich gibt Riepel noch für die Solokadenz erste Richtlinien; sie hat vor allem motivische Verwandtschaft mit dem Hauptsatz aufzuweisen.

Theoretiker, die auf Riepel unmittelbar fussen, sind Kirnberger, Schulz und vor allem H. Ch. Koch, dessen von Riemann so sehr gerühmte Formenlehre nicht mehr als eine selbständige Arbeit zu gelten hat, sondern als die – freilich in bedeutendem Masse – ausgebaute und erweiterte Takt- und Tonordnung Josef Riepels.

Anhang.

Zur Biographie Joseph Riepels.

Von dem ursprünglichen Plan, vorliegender Arbeit eine Biographie Joseph Riepels vorausgehen zu lassen, musste aus Materialmangel Abstand genommen werden. Trotz eifrigster Nachforschungen konnten über das Leben Riepels nur wenige Nachrichten ermittelt werden.

Schon die Lexika des 18. Jahrhunderts vermochten nur von Aufenthalt und Tode Riepels in Regensburg zu berichten. So schreibt Forkel:[1] „Am 23. Oktober 1782 starb zu Regensburg der fürstliche Thurn- und Taxische Kammermusicus Joseph Riepel, einer unserer verdienstvollsten Musikgelehrten; von seinen Lebensumständen ist nur so viel bekannt, dass er in Regensburg viele Jahre hindurch als ein sehr rechtschaffener Mann die Achtung seiner Mitbürger genossen, und manchem musikalischen Genie durch mündlichen Unterricht fortgeholfen, und gründliche Kenntnisse beigebracht hat." Auch Eschstruth[2] gibt nur den Sterbetag an. Und Gerber[3] will, da er „so wenig von den Lebensumständen dieses verdienstvollen Mannes weiss, diese Leere mit einem Urteile des Herrn Hiller über die Werke dieses Mannes ausfüllen." So gelang es auch Mettenleiter Do., dem Verfasser der „Musikgeschichte der Stadt Regensburg" (1866) nicht, Neues von den Lebensumständen Riepels in Erfahrung zu bringen. Riepel hat nun in seinen theoretischen Schriften ab und zu einige Angaben über seinen Lebenslauf eingefügt, die, als sie entdeckt wurden, für die lexikalischen Zwecke Verwendung fanden. So konnten der Geburtsort Hörschlag, ein Aufenthalt in Graz und Dresden und eine mehrere Jahre umfassende Reise im Dienste

---

[1] Forkel: Musikalischer Almanach für Deutschland für das Jahr 1784 S. 211.
[2] Eschstruth: Musikalische Bibliothek 1784 (Uebersicht des Jahres 1783) S. 31.
[3] E. Gerber: Histor. Biograph. Lexikon (1792) Artikel Riepel.

eines Herrn ermittelt werden. Das Geburtsjahr wird, da er 1782, 74 Jahre alt (laut Sterbebuch), gestorben ist, immer mit 1708 angegeben. Da nun die in den Werken Riepels sich vorfindenden Notizen und die wenigen auffindbaren Akten bereits von Twittenhoff in seiner obenerwähnten Studie (S. 21) unter dem Titel „Riepels Leben und Persönlichkeit" ausführlich mitgeteilt werden, sei uns gestattet, unsere Manuscriptvorlage, auf das wesentlichste reduziert, zum Abdruck zu bringen.

Josef Riepel wurde am 22. Januar 1709 in Deutschhörschlag in Oberösterreich getauft. Die Eintragung im Taufbuch der Pfarrei Rainbach bei Freistadt lautet: „Die 22. huius Idem baptizavit Josephu, pater legitimus erat Philippus Riepel, rusticy et caupo de teutsch Hörschlag, mater ursula, patriny Georgius Horner, rusticy de Zürlüssen." [1]) Da er am 22. Januar getauft wurde, dürfte auch die Geburt noch in das Jahr 1709 fallen. Ueber seine Herkunft berichtet er selbst im 3. Kapitel seines Werkes: [2]) „Als ein ehrlich und ehelich erzeugter Ländler . . . oder Oberösterreich. Bierwirtssohn im Dorf Hörschlag Zum Grünen Baum genannt, habe ich in meiner Jugend dem Feldbau, wie es im dasigen Gäu üblich ist, so gestrenge obliegen müssen, dass ich mir getrauete, in dieser Wissenschaft viele hochtrabende Gelehrte, Pharisäer, grosse und kleine Müssiggänger usw. weidlich zu unterweisen." Da Riepel, wie Taufbuch und Testament ausweisen, aus einer kinderreichen Familie stammte, ist es leicht verständlich, dass er zum Studium bestimmt wurde. So kam Josef Riepel zuerst nach Linz in die dortige Lateinschule. Hier wurde er bereits mit Fuxens Lehrbuch bekannt: „Als ich in Linz noch in der Lateinischen Schule war, musste ich einen mit mir umgehenden Liebhaber der Komposition aus Fuxens Traktat einen deutschen Auszug machen." [3]) Ohne „in der Jugend einen Rathgeber" [4]) zu haben, beschäftigte er sich also schon damals mit der Theorie und gab sich „mit dem doppelten Kontrapunkt" [5]) ab. Im Seminar zu Steyr und in Graz bildete er sich dann zum Präzeptor aus, welchen Beruf er dann „in seiner Jugend auf dem Lande ausübte", schon damals der Musik zugetan, denn er

---

[1]) Mitgeteilt v. Pfarrer Ennsgruber in Rainbach b. Freistadt (Ober-Oesterreich).
[2]) Kapitel III: Antwort des Verfassers.
[3]) Riepel: Fugenbetrachtung I. Teil S. 89.
[4]) Riepel: Baßschlüssel S. 24.
[5]) Riepel: Fugenbetrachtung I. Teil S. 98.

spielte auf dem Klavier den Leuten vor, „die im Winter gemeiniglich in die Stube hereinkamen, um sich zu wärmen." [1])
Wann und wielange er sich in den Dienst eines fremden Herrn
begab, [2]) mit dem er fast ganz Europa (z. B. Belgien, Bosnien, Polen
und Oesterreich, [3]) jedoch nicht Italien) bereiste, steht nicht fest.

Von 1740 bis 1745 [4]) befand er sich in Dresden; wie er selbst
angibt, hat er „mehrentheils seine Einsicht der Tonkunst dem gelehrten Dresden zu danken, wo er fünf Jahre hindurch lauter
musikalische Schönheiten" geniessen konnte. [5]) Es war die Zeit
des glänzenden Wirkens Hasses in Dresden, mit dessen Werken,
vor allem mit den Opern, Riepel bekannt wurde. In seinem
Baßschlüssel [6]) bringt er sogar das Larghetto einer Ariette von
Hasse, „die er in der Opera Didone von der berühmten Fau-
stina selbst singen hörte." Viel tiefergehender aber wohl noch als
der Besuch von Musikaufführungen, den „sein geringer Säckel" [7])
ohnehin nicht allzu oft gestattet haben mochte, [8]) war „sein täg-
licher Umgang mit dem seeligen Herrn Zelenka", [9]) der damals
in Dresden als Kirchenkomponist wirkte. Zelenkas gründliche
theoretische Schulung, die er sich als Schüler von Fux in Wien
angeeignet hatte, [10]) und die er vor allem in seinen gediegenen
Kirchenkompositionen zeigt, [11]) mochte ihn zu dem geeignetsten
Lehrer Riepels machen, dessen theoretische Schriften ja letzten
Endes wohl der Erfolg dieser Studien waren.

---

[1]) Riepel: Baßschlüssel S. 60.

[2]) Riepel: Riepel spricht einmal (Kap. III S. 39 Anm.) von einem General
D'ollone, bei dem er als Kammerdiener fungierte und 1737 gegen die
Türken im Kriege stand.

[3]) In Wien hörte er Sinfonien und Konzerte (Vom Kontrapunkte Ms. B. B.
S. 101).

[4]) Riepel: Harmonisches Silbenmass, S. 76.

[5]) Riepel: a. a. O. Kap. II, Nachricht des Freundes an den Verfasser.

[6]) Riepel: Baßschlüssel S. 27.

[7]) Riepel: a. a. O. Kap. II Rückschrift.

[8]) Anhaltspunkte für eine Anstellung Riepels in Dresden haben sich nicht
ergeben.

[9]) Riepel: a. a. O. Kap. IV S. 101.

[10]) Gerbert: De cantu et musica sacra . . . . 1774 II S. 371: Josephus Fux
insignem imprimis discipulum in musica sacra reliquit Joanem Zelenka,
regis Poloniae musicae präfectum Dresdae, tot aliorum insignium ea in
arte magistrum.

[11]) Fürstenau: Zur Geschichte der Musik und des Theaters am Hofe Dresden 1862 II S. 73 ff.

Der im Jahre 1745 erfolgte Tod „dieses ausbündigen Meisters" wird Riepel veranlasst haben, Dresden zu verlassen. Ob er bereits jetzt in die Dienste des Fürsten von Thurn und Taxis trat, konnte nicht festgestellt werden. Jedoch befand er sich seit 1751 bestimmt in Regensburg, da bereits das erste Kapitel seines Lehrbuches 1752 in Regensburg gedruckt erschien. In Regensburg nun lebte er bis zu seinem Tode als Kammermusikus und schliesslich als Musikdirektor und brachte die fürstliche Kapelle zu so hohem Ansehen, dass Forkel[1]) die Kapelle, als deren „Compositor" er Riepel bezeichnet, in das Verzeichnis der besten Kapellen deutscher Höfe aufnahm. Mit Recht wehrt sich daher Riepel gegen Burney, der abfällig über das Orchester urteilte: „Es heisst in desselben Tagebuch, es mangle hieran einer eleganten Ausführung. Aber wie? – Ohne zu hören, ohne Umstände zu entscheiden. Zu unserem Glücke denkt die Herrschaft, es denken und sprechen Kenner ganz anderseits, als er oder ein vorgeblicher Beurteiler." [2]) Eifrigst war nun Riepel in Regensburg tätig, nachdem er endlich eine gesicherte Existenz errungen hatte. Freilich nahm ihm der Dienst, der unter anderem wöchentlich dreimaliges Konzertspielen" [3]) verlangte, viel kostbare Zeit weg, sodass er nie „genug und ausführlich arbeiten" konnte. „Bin ich ersucht worden, manch kleines Singstück zu setzen, so musste ich die Minuten dazu rauben." Nur wenn die Kapelle mit ihrem Fürsten auf das „herrschaftliche Landgut" zog, fand Riepel etwas mehr Musse, um in den „Nebenstunden" seine theoretischen „Unterhaltungen" niederzuschreiben. Seine Kompositionen waren wie die Haydns in erster Linie für seine Kapelle bestimmt, sodass vorzugsweise Instrumentalmusik („wozu mich", wie Riepel meint, „das Schicksal von Jugend auf bestimmt hatte") entstand, wie Sinfonien und Konzerte, von denen drei Violinkonzerte gedruckt wurden, aber verloren gingen (Manuskripte in Brüssel). Jedoch auch an kirchlichen Werken schuf Riepel eine stattliche Anzahl, von denen besonders 2 Miserere und einige Messen hervorzuheben sind. [4]) Auf die Bedeutung Riepels als Theoretiker und Praktiker weist bereits 1774 Gerbert hin, der ihn Fux an die Seite stellt: „Qui

---

[1]) Forkel: Musikalischer Almanach auf das Jahr 1783 S. 102.

[2]) Riepel: Fugenbetrachtung II MS. BB. S. 69/70.

[3]) Riepel: a. a. O. Kap. 4 S. 91.

[4]) Die Kompositionen Riepels erhalten gegenwärtig von anderer Seite eine Würdigung.

vero locus in Parnasso musico Jos. Fux in Austria debetur, eundem ... Josef Riepel in Bavaria, qui hodie in practica ac theoretica musica egregie versatur"[1])

Trotz der überreichen Beschäftigung als Musikdirektor, Komponist und Musikschriftsteller fand Riepel noch Zeit, „manchem jungen Genie durch mündlichen Unterricht fortzuhelfen und gründliche Kenntnisse beizubringen."[2]) Seine Schriften selbst, die nach Eschstruth „zwar in einem altfränkischen Gewande und mit komischer Laune, aber desto fasslicher und nachdrücklicher"[3]) geschrieben sind, hinterlassen auf Grund ihrer Abfassung in Form eines zwanglosen Dialogs zwischen Lehrer und Schüler beim Studium den unverkennbaren Eindruck, dass sie unmittelbar aus dem Unterricht hervorgegangen sind. Von seinen Schülern wurden besonders Joh. Christ. Vogel (1756–1788),[4]) Christ. Fr. Wilh. Nopitsch[5]) (1758–1824) und der Kantor Joh. Caspar Schubarth bekannt. C. Schubarth, der Riepels-Baßschlüssel herausgab, schreibt im Vorwort zu diesem Werk: „Ich rechne es zu den günstigsten Schicksalen meines Lebens, ihn zum Freund und Lehrer gehabt zu haben und bin stolz darauf, dass er mir gegenwärtiges Werk als ein Vermächtnis zur öffentlichen Bekanntmachung übergeben hat."

Riepel starb am 23. Oktober 1782. Die Eintragung im Sterbebuch von St. Emmeram in Regensburg lautet: 25. Okt. 1782 sepultus est Nobilis ac Doctissimus Josephus Riepl, Taxensis Musices Director peritissimus. Hic vir erat Religionis catholicae et amator et propugnator acerrimus; Verae Probitatis exemplar ac pater pauperum. Obiit 23. Oktob. hor. 12 diurn. aet suae 74 annorum rite provisus." Das Begräbnis fand am 25. Oktober 1782 statt.[6]) Der Grabstein Josef Riepels ist jetzt in der Vorhalle der Kirche von St. Emmeram aufgestellt und „Josef Riepel, dem Künstler, Menschen- und Tugendfreund" gewidmet.

---

[1]) Gerbert: a. a. O. II S. 372.
[2]) Forkel: a. a. O. S. 211.
[3]) Eschstruth: a. a. O. S. 31.
[4]) A. Vogler: Joh. Christ. Vogel (Diss., Halle 1914).
[5]) H. Mlynarczyk: C. F. W. Nopitsch ein Nördlinger Kantatenmeister (Dissertation, Leipzig 1928).
[6]) Regensburger Diarium vom 5. November 1782.

Literatur=Angabe.

Adler Guido: Handbuch der Musikgeschichte (2. Aufl. 1930)

Agricola Joh. Fr.: Anleitung zur Singekunst (Uebersetzung von Tosis Gesangschule; 1757)

Bach Phil. Em.: Versuch über die wahre Art, das Klavier zu spielen (1753)

Becker C. Ferd.: Systematische chronologische Darstellung der Musikliteratur (Leipzig 1836)

Blessinger Karl: Grundzüge der musikalischen Formenlehre (1926)

Bieder Eugen: F. W. Marpurgs System der Harmonie, des Kontrapunkts und der Temperatur (Berliner Diss. 1923)

Bücken E.: Der galante Stil. – Skizze seiner Entwicklung ZfMW 6
Reicha als Theoretiker (ZfMW 2)
Geist und Form im musikalischen Kunstwerk (Handbuch der Musikwissenschaft)

Daffner H.: Die Entwicklung des Klavierkonzerts bis Mozart (Leipzig 1906)

Erpf Hermann: Der Begriff der musikalischen Form (Leipziger Dissertation 1914)

Fétis: Biographie universelle des Musiciens (Paris 1878)

Fischer Wilhelm: Zur Entwicklungsgeschichte des Wiener klassischen Stils (St MW III 1915)

Forkel J. Nic.: Allgemeine Literatur der Musik (1792)
Mus. kr. Bibl. Gotha 1778

Fux Josef: Gradus ad parnassum (aus dem Lateinischen ins Teutsche übersetzt . . . . . . von Lorenz Mizlern Lpz. 1742)

Gerber E.: Hist. Biogr. Lexikon (Leipzig 1792)

Gerber Rud.: Der Arientypus J. A. Hasses und seine textlichen Grundlagen (1925)

Goldschmidt Hugo: Die Musikästhetik des 18. Jahrhunderts (Zürich und Leipzig 1915)

Gruber Siegm.: Literatur der Musik (1783)

Grétry: Versuche über die Musik (hrsg. v. C. Spacier, Leipzig 1800)

Haas Robert: W. A. Mozart (in „die grossen Meister der Musik")

Hauptmann M.: Die Natur der Harmonik und der Metrik (1873)

Hiller Joh. Adam: Wöch. Nachr. und Anmerkungen, die Musik betreffend (1766–1770)

Junker: Abhandlung über die Tonkunst (Leipzig. Ostermesse 1794)

Katz E.: Die musikalischen Stilbegriffe des 17. Jahrhunderts (Augsburg 1926)

Kircher Athanasius: Musurgia universalis (1650)

Kirnberger: Joh. Phil.: Die Kunst des reinen Satzes (1774–1779)

Koch H.Chr.: Versuch einer Anleitung zur Komposition (1782–1793)

Kretzschmar H.: Gesammelte Aufsätze I
Allgemeines und Besonderes zur Affektenlehre (Jb P 1911)

Kurth E.: Grundlagen des linearen Kontrapunkts, Einführung in Stil und Technik von Bachs melodischer Polyphonie (Bern 1927)

Leichtentritt Hugo: Formenlehre (Leipzig 1920)

Lussy M.: Die Kunst des musikalischen Vortrags; übersetzt von Felix Vogt (Leipzig 1886)

Marpurg Fr. W.: Handbuch bey dem Generalbasse und der Komposition (1755–1758)
Kritische Briefe über die Tonkunst (1759–1763)
Histor. Krit. Beiträge (1754–62)

Mattheson Joh.: Kern melodischer Wissenschaft (1737)
Neueröffnete Orchestre (1732)
Der vollkommene Kapellmeister (1739)

Mettenleiter Dom.: Musikgeschichte der Stadt Regensburg (1866)
Musikgeschichte der Oberpfalz (1867)

Moser H. J.: Joh. Seb. Bach (Berlin 1934)

Niedt Fr. Er.: Musikalischer Handleitung anderer Theil (2. Auflage, verbessert, vermehrt, mit verschiedenen grundrichtigen Anmerkungen durch J. Mattheson Hamburg 1721)

Prätorius M.: Syntagma musicum (1615–1620)

Quantz J. J.: Versuch einer Anweisung, die Flöte traversière zu spielen (1752, Neuausgabe von A. Schering 1906)

Rameau J. Ph.: Traité de l'harmonie reduite à ses principes naturels (1722)

Riemann H.: System der musikalischen Rhythmik und Metrik (1903)
Grosse Kompositionslehre (1902)
Präludien und Studien (3 Bde. 1895–1900)
Geschichte der Musiktheorie 2. Aufl. 1920

Riepel Joseph: Anfangsgründe zur musikalischen Setzkunst (Regensburg 1752; Frankfurt, Leipz. 1755; 1757; Augsburg 1765; 1786;)

Baßschlüssel, d. i. Anleitung für Anfänger und Liebhaber der Setzkunst. (Regensburg 1786, hrg. von Joh. Casp. Schubarth)

Rosenkaimer E.: Johann Ad. Scheibe als Verfasser seines „Critischen Musikus". (Bonn 1929)

Schäfke Rud.: Quantz als Aesthetiker, eine Einführung in die Musikästhetik des galanten Stils (AfMW VI, 2; 1924)

Geschichte der Musikästhetik in Umrissen (Max Hesses Verlag, Berlin-Schöneberg 1934)

Scheibe Joh. Ad.: Der kritische Musikus (1737—1740)
Ueber die musikalische Komposition (1773)

Schering Arnold: Musikästhetik der Aufklärung (ZfMW I)

Geschichte des Instrumentalkonzerts (1905 2. Aufl. 1927)

Schiedermair Ludw.: Die Briefe Mozarts und seiner Familie (München 1914)

Schmidt Gust. Friedr.: Die frühdeutsche Oper und die musikdramatische Kunst Georg Caspar Schürmanns (Regensburg 1933)

Sondheimer Rud.: Die Theorie der Sinfonie und die Beurteilung einzelner Sinfoniekomponisten bei den Musikschriftstellern des 18. Jahrhunderts (Lpz. 1925)

Die formale Entwicklung der vorklassischen Sinfonie (AfMW IV, 4)

Spiess Meinrad: Tractatus-Musikus kompositorio-Practicus d. i. musikalischer Traktat (1746)

Sulzer Joh. Georg: Allgemeine Theorie der schönen Künste (1771—1774)

Sorge Georg Andreas: Vorgemach der musikalischen Komposition (1745—1747)

Tiersch O.: Rhythmik, Dynamik und Phrasierungslehre (1886)

Uldall Hans: Das Klavierkonzert der Berliner Schule und ihres Führers Phil. Em. Bach (1927)

Vogler G. H.: Betrachtungen der Mannheimer Tonschule (1778—1781)

Walther J. G.: Musikalisches Lexicon (1732)

Westphal Rud.: Die Elemente des musikalischen Rhythmus (Jena 1872)

Wiehmayer Th.: Musikalische Rhythmik und Metrik (1917)

Nachwort

Zu den Aufgaben der „Regensburger Beiträge zur Musikwissenschaft"
soll es von dem vorliegenden Band 4 an auch gehören, einschlägige, inzwischen vergriffene musikgeschichtliche Studien in unveränderter Neuauflage bzw. als Riprint zu veröffentlichen. Aktualität und wiederum Be-
züge der behandelten Themen zum nordostbayerischen Raum sind für
die Auswahl Richtlinien.

Daß es sich bei der vorliegenden Studie über „Die Takt- und Tonordnung
J. Riepels, ein Beitrag zur Geschichte der Formenlehre im 18. Jahrhundert"
um ein repräsentatives wissenschaftliches Werk handelt, verbürgen nicht nur
der Verfasser Dr. Ernst Schwarzmaier, der nach Schulmusik- und Musikwis-
senschaftlichem Studium als Musikerzieher, vor allem aber als Gründer und
Leiter eines „Collegium musicum" über viele Jahrzehnte hinweg in Regensburg eine verdienstvolle Tätigkeit entfaltet hat, sondern auch die wissen-
schaftliche Heimstätte: das Münchner Musikwissenschaftliche Seminar der
dreißiger Jahre unter Rudolf von Ficker, wo sie als Dissertation entstanden
ist. Als durchaus selbständige, originelle Leistung des angehenden Künstlers
und Gelehrten, die sich auch durch die Untermauerung der Hypothese aus-
zeichnet, Riepel sei der Begründer der späteren „Formenlehre" gewesen,
verdient sie eine unveränderte Neuauflage — trotz des damals gleichzeiti-
gen Erscheinens der Arbeit von W. Twittenhoff über denselben Gegenstand („Die musiktheoretischen Schriften J. Riepels", Diss. Halle 1933,
Berlin 1935), die inzwischen ebenfalls neugedruckt ist (Hildesheim 1971).

Die Aktualität des behandelten Themas dürfte alleine dadurch gesichert
sein, daß es der Geschichte der Musiktheorie des 18. Jahrhunderts ent-
nommen ist. Neben der Musiktheorie des Mittelalters und der Renaissance
auch diejenige des 17. und 18. Jahrhunderts, speziell die deutsche Kompositionslehre, durch kritische Neuausgaben Musiktheoretischer Quellen,
durch Erarbeitung von Monographien, sachbezogener Spezialprobleme
oder zusammenhängender Darstellungen zu erforschen, ist ein Schwer-
punktanliegen der Musikgeschichtsschreibung schon der zwanziger und
dreißiger Jahre unseres Jahrhunderts und dann wiederum nach dem zweiten Weltkrieg gewesen. Im einzelnen ging es darum, gehandhabte Regeln,
gebrauchte Termini und entwickelte Systeme der Musiktheorie ausfindig
zu machen, auf ihre Wechselwirkung mit der Kompositionspraxis der Zeit
zu überprüfen und damit den Mißverständnissen der Werke entgegenzuwir-

ken, die insbesondere bei Analyse und Interpretation durch unkritische Heranziehung späterer Systeme, vor allem des 19. und 20. Jahrhunderts, entstanden sind und bis heute entstehen. Joseph Riepel hat seine immer wieder bestätigte Einstufung als einer der wichtigsten Vertreter der vorwiegend pädagogisch ausgerichteten Kompositionslehre zwischen Johann Mattheson (1681–1764 ; „Der Vollkommene Capellmeister" 1739) und Heinrich Christoph Koch (1749–1816; „Versuch einer Anleitung zur Composition" 1782–1793), der nach eigener Aussage seine Theorie auf Riepel aufbaut, bis zur Stunde behaupten können.

Als Mitglied der Hofkapelle des Fürsten Thurn & Taxis in Regensburg von 1751 bis 1782 als Geiger, Kapellmeister, „Compositor" und zuletzt „Musices Director", ist der gebürtige Österreicher (geb. 1709 in Hörschlag/Oberösterreich) auch mit dem Oberpfälzer Raum aufs engste verknüpft. Nicht nur die Kompositionen sind großenteils hier geschrieben, auch die theoretischen Werke sind die Ergebnisse der sehr umfangreichen und intensiven Unterrichtstätigkeit Riepels in Regensburg.

Für die freundliche Überlassung der für die vorliegende unveränderte Neuausgabe verwendeten Exemplare sei dem Verfasser, Herrn Dr. Ernst Schwarzmaier, an dieser Stelle herzlich gedankt. Weiterhin gebührt der Dank Herrn Bernhard Bosse, der die Herausgabe ohne Fremdzuschüsse ermöglicht hat.

Hermann Beck